Kaiser · Wie ich sie sah.. und wie sie waren

Joachim Kaiser

Wie ich sie sah ...
und wie sie waren

Zwölf kleine Porträts

Herrn

Toni Ayau

mit freundlichen Grüßen

List Verlag

Umschlaggestaltung: Atelier Blaumeiser, München.
Die verwendeten Fotos stammen vom Bilderdienst Süddeutscher Verlag.

ISBN 3-471-77969-8

Satz: Fotosatz Bruno Leingärtner, Nabburg
Druck- und Bindearbeit: May & Co., Darmstadt

Inhalt

Vorbemerkung

Elf der zwölf Porträts dieses Buches entstammen einer Sende-Reihe, die ich im Auftrag und mit liebenswürdig fordernder Unterstützung von Dr. Rudolf Riedler für den Bayerischen Rundfunk gemacht habe. Das Porträt meines alten Freundes und Vorbilds Dr. Walter Maria Guggenheimer wurde eigens für diese Publikation verfaßt. Ohne die von vielen Hörern immer wieder vorgetragene Bitte nach dem Text der rasch verklungenen Porträts wäre dieses Büchlein nicht entstanden.

J. K.

Vorwort

Risiken des Sich-Erinnerns

Wenn man jung ist und wissensdurstig, schätzt man die präzise Analyse, die originelle, sorgfältig belegte These, die kluge, wissenschaftlich fundierte Theorie. Und mißtraut dem schmunzelnden Sich-Erinnern betagter Herren, die allzu gern Anekdoten zum besten geben. Der alte Hellmuth von Glasenapp zum Beispiel, der ein erschrekkend gebildeter vergleichender Religionswissenschaftler war und beschämend viele Sprachen sprach, er erzählte gegen Ende seines Lebens – selbst vom Katheder aus – eigentlich nur noch Anekdotisches, charakteristisch belustigende Geschichten, die berühmten Leuten passiert waren. Als junger Student fand ich das ein wenig sonderlich, ja senil (aber einige der Anekdoten habe ich behalten bis auf den heutigen Tag).
Ältere Akademiker mißtrauen dem rapiden Scharfsinn, der brillanten Um-Interpretation. Sie lesen's mit Vergnügen und glauben kein Wort. Denn ein Gedanke, der nicht nur wahrhaftig sein will, sondern auch als zündend originell auffallen möchte: er nimmt immer in Kauf, übermütig oder modisch anti-modisch oder beides zugleich zu sein. Wenn man den Betrieb ein paar Jahrzehnte mitge-

macht hat, weiß man, wie schnell das alles verwelken kann.

Aber es führt nicht sehr weit, die anekdotische Erzählung, die etwas übers Lebendige aussagt, und die streng analytische Bemühung, die etwas über eine intellektuelle oder künstlerische Gestalt aussagt, gegeneinander auszuspielen. Beides hat sein Daseins-Recht. Der Sich-Erinnernde und der Analysierende müssen nur eben mit-bedenken, welche Risiken sie eingehen. Sowohl die mögliche Kritik wie auch das mögliche Vergnügen am Sich-Erinnern schwingen mit in der wunderbar tiefsinnigen Wortkoppelung, jemand sei, rede oder schreibe »erinnerungsselig«.

Nun ist es aber gar nicht so leicht, den eigenen Erinnerungen gewissermaßen überlegen zu sein – sich also davor zu hüten, sentimental zu fälschen, neunundneunzig mal Erzähltes bei der hundertsten Wiederholung nicht so wiederzugeben, daß die erstarrte letzte Fassung an die Stelle der Sache selbst tritt. Skepsis und ein gutes Archiv können da vielleicht helfen.

Tückischer noch sind beim Sich-Erinnern diejenigen Gefahren, in denen man ganz gern umkommt. Die Gefahren der Verklärung. Kaum ein Mensch kann Zeiten, da er jünger war, da er hoffte, da er etwas – auch sich selbst – »werden« spürte, vergegenwärtigen ohne beschönigende Sentimentalität. Glück scheint meist nur als Vergangenes faßbar, beschreibbar, evozierbar. Wir *sind* kaum je glücklich, *waren* es nur.

Darum haftet an Vergangenem fast unvermeidlich ein Moment von Seligkeit. Das »Es war einmal«, die strenge Unumkehrbarkeit des Zeitverlaufs und ein undeutliches Gefühl des Davongekommen-Seins fügen sich zusammen zur Rückblicks-Sentimentalität. Poeten lieben es, diesem Erinnerungszauber wehmütig zu verfallen. Oft wollten sie ihn gar nicht meiden: Hugo von Hofmannsthal bannte die feste, unbetretbare Vergangenheit und die bewegte Gegenwartszeit, an die man – wie Odysseus gegenüber den Sirenen – gefesselt ist, in ein schönes, archaisch üppiges Traumbild:

Ein namenloses Heimweh weinte lautlos
In meiner Seele nach dem Leben, weinte,
Wie einer weint, wenn er auf großem Seeschiff
Mit gelben Riesensegeln gegen Abend

Auf dunkelblauem Wasser an der Stadt,
Der Vaterstadt vorüberfährt. Da sieht er
Die Gassen, hört die Brunnen rauschen, riecht
Den Duft der Fliederbüsche, sieht sich selber,
Ein Kind am Ufer stehn...

Berühmt sind die großen Wehmuts-Sätze, mit denen Ernst Jüngers Erzählung *Auf den Marmorklippen* beginnt, trotz des vielleicht etwas zu bewußt drapierten epischen Faltenwurfs, trotz der unübersehbaren Proust/Benjamin-Nachfolge:

»Ihr alle kennt die wilde Schwermut, die uns bei der Erinnerung an Zeiten des Glückes ergreift. Wie unwiderruflich sind sie doch dahin, und unbarmherziger sind wir von ihnen getrennt als durch alle Entfernungen. Auch treten im Nachglanz die Bilder lockender hervor; wir denken an sie wie an den Körper einer toten Geliebten zurück, der tief in der Erde ruht und der uns nun gleich einer Wüstenspiegelung in einer höheren und geistigeren Pracht erschauern läßt...«

Nun läßt sich die Verklärung einer vergangenen Zeit radikal vermeiden, indem man sich aus der hochspielenden Sentimentalität in herunterspielende Ironie rettet. Indem

11

man also aus der Ironie eine Haltung macht, die vor Gefühlsduselei bewahren soll.

Wer sich so – ironisch – an die Jahre, die er kennt, zurückerinnert, an Künstler, die er bewundernd sah und hörte, an Autoren, deren öffentliches Berühmtwerden oder geheimes Scheitern er miterlebte, der gibt aber der Versuchung nach, sich mit Hilfe späterer Einsichten von seinem einstigen Ich zu distanzieren, von mittlerweile naiv oder falsch wirkenden einstigen Ansichten vorsichtig und elegant abzurücken. Doch auch Ironie verzerrt. Wer vergangene Gedanken, Begeisterungen oder Entrüstungen lässig-maliziös als längst durchschaute Irrtümer preisgibt, betont im Bewußtsein sicherer Resonanz, wie fabelhaft schonungslos ehrlich er mit sich umgeht, und wie richtig er nunmehr auf der Höhe der Zeit steht.

Kein Wort gegen die Möglichkeit neuer Erfahrungen und Korrekturen – sie gehören zum Lebendig-Sein. Aber Zeichen des Lebendig-Seins sind sie doch wohl nur dann, wenn es sich um *eigene* Erfahrungen handelt, wenn sie wirklich einer neuen Überprüfung, einer neuen Nachdenkmühe entspringen. Wenn sie also nicht nur das wären, als was sich die späteren »Korrekturen« so oft durchschauen lassen: Nämlich sanft opportunistische, unauffällig-tonfallschwindelnde Angleichungen an die opinio communis, die machtvoll vorschreibt, was im jeweiligen Zirkel über welchen Künstler zu denken sei. Ich habe schon zu oft berühmte und andere Leute (auch mich selbst) von enthusiastischen Bekenntnissen unauffällig abrücken oder wütende Abweisungen in respektvolle Anmerkungen umbiegen sehen – falls eben nur der Zeitgeist oder eine geachtete Sperrminorität andere Qualitätsmarken festlegte, neu festlegte –, um nicht zu wissen, was für ein entscheidender Unterschied besteht zwischen dem taktisch klugen und einsichtsvollen Benützen vorhandener Argumente und der Evidenz einer neuen eigenen Erfahrung. Diesen Unterschied läßt Ironie hübsch unmerklich verschwinden, falls sie vergangene Euphorie mit gegenwärtiger Informiertheit und schlauer Rückversicherung in die Zukunft geschickt zu verbinden versteht.

Jeder Sich-Erinnernde läuft also Gefahr, unvorsichtig sentimental oder vorsichtig ironisch zu sein. Vielleicht sind Erinnerungen in gewisser Weise sogar nur subjektive, pointierte Erfahrungen, Relikte gelebten Lebens, die man weiterreicht, damit andere sie, falls sie überhaupt etwas damit anfangen wollen, belustigt oder belästigt in ihrem eigenen Denken, Fühlen, Wissen zum Material objektivieren können.

München, im Dezember 1984   Joachim Kaiser

Theodor W. Adorno

Theodor Wiesengrund, der sich lieber nach dem Namen seiner Mutter, der Tochter eines französisch-korsischen Offiziers, Adorno nannte, wurde 1903 in Frankfurt geboren, und er wuchs in höchst kultivierter, großbürgerlicher Umgebung auf. Daß er im Frankfurter Gymnasium der *primus omnium,* also immer der beste Schüler von allen war, wird niemand bezweifeln, der Adorno auch nur ein einziges Mal beim Sprechen und Denken erlebt hat. Und daß seine weniger intelligenten Mitschüler sich über ihn gelegentlich lustig machten, ihm ein Spott-Schild anhängten, welches er gar nicht bemerkte, während er im Pausengespräch mit dem Lehrer über den Schulhof schritt – auch das glaubt man sofort. Warum sollte der genialisch intelligente Junge, wenn es etwas Interessantes zu bereden gab, Sinn haben für dummen Firlefanz. In der »Süddeutschen Zeitung« antwortete er, ein paar Jahrzehnte später, gelegentlich einer Silvester-Umfrage an Prominente, auf meine etwas läppische Provokation: »Wann hört für Sie die Gemütlichkeit auf?« – sehr einleuchtend: »Beim Prosit auf ebendieselbe …«
Dann studierte der junge Mann Musik, Philosophie, dann befreundete er sich mit Walter Benjamin, dann wuchs seine Intelligenz so enorm, daß der berühmte

15

Frankfurter Internist Vollhard, mit dem Adorno zusammenkam und in dessen Haus kluge Leute wie der Ethnologe Prinzhorn oder der Germanist und George-Schüler Friedrich Gundolf verkehrten, daß also der alte Vollhard entmutigt, aber lächelnd zu Adorno sagte: »Junger Mann, Sie sind für mich zu schlau. Ich verstehe Sie nicht.«

Adorno war Jude. 1933 machte er wohl noch einen einzigen verängstigten Versuch, welchen seine Kritiker ihm später oft vorhielten, sich dem Geist der Zeit irgendwie anzupassen. Aber das Schicksal des Alban-Berg-Schülers und Schönberg-Bewunderers, der über den Philosophen Husserl promoviert und der – über Kierkegaards in sich kreisende Philosophie – eine wunderbar eindringliche Habilitationsschrift geschrieben hatte, stand fest. Er mußte emigrieren.

Zuerst Oxford, dann, nach 1938, das Institut für Sozialforschung in New York. Kunstsoziologische Tätigkeit auch in Princeton und Los Angeles. Frederick Pollock, Herbert Marcuse und viele andere Intellektuelle der linksakademischen Szene waren damals seine Freunde.

Aber 1949 zog es ihn, der viel »deutscher« war, dachte und fühlte als die allermeisten nie-emigrierten Deutschen, zurück in die alte Heimat. Er ging nach Frankfurt an die Universität, ans Institut für Sozialforschung. Das war übrigens damals gar nicht so leicht. Und wie stolz Adornos lebenslanger Freund und Kollege, der etwas ältere Max Horkheimer, darüber war, daß Präsident Truman, Horkheimers längerer Rückkehr wegen, die sich juristisch für einen jungen amerikanischen Staatsbürger gar nicht so einfach bewerkstelligen ließ, daß also Truman eigens eine »Lex Horkheimer« unterschrieb, die es dem Professor Horkheimer gestattete, auch ohne Rückkehr-Unterbrechungen für die Dauer nach Frankfurt zu gehen und dort Universitäts-Rektor zu sein – nur die können den Stolz auf diese Lex Horkheimer ermessen, die den alten Horkheimer und den etwas jüngeren Adorno darüber schwärmen hörten...

So begann in Frankfurt 1949 die Wirkung eines Mannes, eines Denkens, eines künstlerischen Empfindens und eines Lehrens, von deren phantastischem Ausmaß man sich heute gar kein hinreichendes Bild mehr machen kann.

Für diejenigen, die das alles sozusagen nur von außen miterlebten, die den Adorno und seine Schüler nur an ihren Aktivitäten, an ihrer etwas maniert scheinenden Sprechweise erkannten, muß das Ganze ziemlich verwirrend gewesen sein. Alfred Andersch nannte Adorno – seiner Originalität und seines Ranges wegen – eine »Jahrhundert-Figur«. Aber wie wirkte diese Jahrhundertfigur wohl auf Menschen, die damals keine Studenten mehr waren, die nur gelegentlich mit soziologisierenden jungen Leuten, Diskussionsrunden, Adorno-hörigen Studenten zusammenkamen, deren Dialektik sie nicht ganz kapierten, deren theoretischer Überlegenheit sie kaum gewachsen waren und deren negativ-kritischer Besserwisserei sie sicherlich irgendwie und nicht ganz zu Unrecht mißtrauten?

Von Adorno wußte man, daß er furchtbar intelligent sei. Als enorm scharfsinnig zu gelten, ist hierzulande kein Lob – wobei ich, offen gesagt, nie begriffen habe, warum man jemandem aus Intelligenz oder gar sehr großer Intelligenz einen Vorwurf machen kann, wenn der Betreffende seinen Scharfsinn ohne Tricks und ohne rattenfängerisch-verführerische Manipulation benutzt. Solange es um Gedanken geht, um Wahrheit, um Kritik am falschen Bestehenden und richtigen Wünschbaren – ist hohe Intelligenz doch zweifellos besser als niedrige. Adorno galt also, nach außen, als höchst intelligent – obwohl er sehr viel naiver, ungeschickter, begeisterungsfähiger, unmittelbarer und freundschafts-, ja liebesbedürftiger gewesen ist, als die dachten, die ihn nur obenhin kannten.

Was wußte man sonst noch so allgemein von Adorno? Daß er zusammen mit Horkheimer ein schwieriges Buch über die »Dialektik der Aufklärung« verfaßt hat. Daß er eine »Philosophie der Neuen Musik« geschrieben hat, die überhaupt bloß musikalischen Fachleuten zugänglich war – und wahrscheinlich selbst diesen nicht. Daß er ein Buch über, wenn nicht gegen Richard Wagner verfaßt, daß er über Gustav Mahler und über seinen Lehrer Berg sowie über Schönberg geschrieben hat.

Er sprach auch viel im Rundfunk, später im Fernsehen, hielt Vorträge, brillierte. In der Soziologie wandte er sich gegen den statistik-gläubigen Positivismus, trat er für inhaltliche, qualifiziert interpretierte Aussagen ein. Die »Negative Dialektik« war sein kritisches Hauptwerk: darin – aber das ging über den Horizont der Öffentlichkeit weit hinaus – begründete er, knapp gesagt, warum der Geist heutzutage sich selbst keine positiven Normen setzen, wohl aber falsche Wahrheiten durchschauen könne. Dann kam noch eine großangelegte ästhetische Theorie – und dann, bevor sie ganz fertig war, kam im Jahre 1969 der Tod.

Die große Öffentlichkeit nahm damals gewiß weniger die Bücher oder ihre Inhalte wahr als den Kampf, der Adorno von der APO-Generation aufgezwungen wurde. Halbnackte Studentinnen stürmten auf ihn ein und machten den kleinen, ungeschickten, ältlichen Professor ängstlich-verlegen. Sein Schüler Krahl donnerte auf einer öffentlichen Veranstaltung mit Schaum vor dem Mund gegen ihn und entschuldigte sich, das Megaphon weglegend, leise bei seinem Lehrer Adorno, er habe das natürlich nicht persönlich gemeint. Sprechchöre unterbrachen Adornos Vorlesungen. Man habe bei ihm schließlich die Kritik am Bestehenden gelernt, nun wolle man das Bestehende gewaltsam ändern, nun müsse Adorno aber auch mitmachen. Er sei doch kein Praktiker, antwortete er leise und defensiv; er lasse sich nicht von der Wirklichkeit vorschreiben, blind aktionistisch zu werden, er sei kein Mann der Rezepte und der Gewalt. Aber damit kam er bei seinen Leuten, die von ihm Dialektik gelernt hatten und die ihn nun heftigen Aktionismus lehren wollten, nicht durch. Sie schrien ihn nieder; in Berlin, wo er einen – übrigens wunderschönen – Vortrag über Goethes »Iphigenie« halten wollte, von dem er stolz sagte: »Das ist selbst für meine Begriffe ein dichter Text.« Und sie schrien ihn nieder in Frankfurt, wo sie ihn endlich so weit brachten, mit dem Meister Anton aus Hebbels »Maria Magdalena«, den er eigentlich nie hatte leiden können, zu resignieren: »Ich verstehe die Welt nicht mehr.«

Mitten in diesen Auseinandersetzungen, während derer er immer und immer wieder versuchte, sich von den radikalen Linken, mit denen er über allen Streit hinweg eine unauslöschliche Solidarität empfand, nicht in eine rechte oder konservative Ecke drängen zu lassen, während dieser Auseinandersetzungen also starb er. Die Öffentlichkeit sah nicht ohne Betroffenheit und nicht ohne Schadenfreude, wie Adorno von den Studenten, und zwar von »seinen Studenten«, fertiggemacht wurde. Lukács spottete über das gesellschaftskritische »Grand Hotel am Abgrund«. Ernst Blochs Einwürfe erbitterten Adorno auch. Dabei wußten die meisten Außenstehenden gar nicht genau, worum es ging: sie konstatierten nur, wie leicht linke Überzeugungen sich gegen die Väter solcher Überzeugungen wenden können. Adorno starb, während eines Urlaubs in den Semesterferien, 65jährig am Herzinfarkt. Es war am 6. August 1969.

Wahrscheinlich ist er der letzte große Professor der deutschen Universität gewesen. Aber sogar ihm, der er jahrzehntelang auf einer Woge der Erfolge, der Beliebtheit und der fast modischen Berühmtheit zu schwimmen schien, blieb nicht erspart, nach überstandener Emigration und Remigration eben nicht in Deutschland, sondern in der Schweiz zu sterben im herben Gefühl, verfolgt und verkannt zu sein…

Dies also war das äußere Bild: Ein Philosoph, ein Soziologe, ein genial origineller Musikschriftsteller, ein Kenner der Dichtung des 18., 19. und 20. Jahrhunderts, wächst weit über den akademischen Bezirk hinaus. Sein Schatten fiel über alles, was in Deutschland, Europa und der Welt mit Soziologie, mit Feuilleton, mit Musikkritik, Literaturkritik und Kunst überhaupt zu tun hatte. Gegenwärtig werden in Italien Adorno-Kongresse abgehalten, kluge Adorno-Essays geschrieben. Ja, man entdeckt mittlerweile sogar seine Kompositionen, über die Schönberg sich noch spöttisch geäußert hatte, und findet an ihnen Bemerkenswertes, Eigenständiges, zu Unrecht Vernachlässigtes…

Wer sich diesen Adorno nun, nach allem bisher Gesagten, irgendwie als respektheischenden, gar autoritären, von hoher Warte hohe Gedankengänge äußernden Über-Vater, Über-Professor vorstellen möchte, irrt heftig.

Adorno war als Privatperson liebenswert, liebes- und lobesbedürftig. Nie drängte sich bei ihm das Bewußtsein der eigenen Zelebrität ins Gespräch, wenn er mit Schülern oder jungen Frauen oder Künstlern redete. Am wenigsten konnte er wohl die Professoren als Gattung leiden. Und noch weniger die Professoren-Frauen: sie sähen alle gleich, ununterscheidbar gleich aus, befand er – wenn er die Germanistik-Professoren mit ihren etwas härenen Damen auftreten sah, deren strenger Haartracht man anmerkte, daß da jemand in früher Studentinnenjugend als Bratkartoffelverhältnis geheiratet worden und nun im Schatten der mühseligen Karriere des Herrn Gemahls zur Professoren-Gattin geworden war. Er selbst hatte eine junge jüdische Frau Dr., eine Fabrikantin geheiratet, Gretel, die mit strengem Gesicht und spöttischen Bemerkungen über die Kollegen stets dabei saß. Und zu sagen pflegte: »wir haben Vorlesung«, womit sie Adornos Kolleg und ihre selbstverständliche Anwesenheit meinte.

Adorno hatte große, wunderschöne, hell in die Welt blickende und dabei tief verängstigte Augen. Die vergesse ich nie. »Den Frauen und den Juden«, so fand er, »merkt man es an, daß sie jahrhundertelang unterdrückt wurden.« Die Freiheit seines Denkens war groß, aber der spontanen Angst seiner Augen sah man an, was das 20. Jahrhundert den Juden angetan hatte – und anzutun nicht aufhörte.

Er redete druckreif. Das warfen ihm vor allem diejenigen vor, die es selbst nicht können, die ihren winzigen Weltbildern sprachlich, um ein Witzwort von Gottfried Benn zu zitieren, nicht gewachsen sind und die man darum in Deutschland »Seher« nennt. Adorno sprach pointiert, lebendig, wiederholte sich nicht. Darin vermag ich – genauso wenig wie in hoher Intelligenz – nichts Böses zu erblicken. Es sei denn, daß der brillant Formulierende allen anderen die Luft und die Sprechlust wegnimmt. Doch davon war »Teddy« – so nannten seine Freunde ihn zärtlich, weil er auch etwas von einem klugen, schutzbedürftigen »Teddy«-Bären an sich hatte – wirklich weit entfernt. Nicht nur, daß sein Druckreif-Reden oft viel klarer und verständlicher wirkte als sein manchmal auch maneriert und kompliziert formuliertes Schreiben. Wenn er sich in einer Diskussion zu Wort meldete, wenn er auf eine kritische oder betroffene Frage parierte: dann war er vollkommen verständlich und höchst vernünftig. Nie begriff man in solchen Momenten, daß da irgend etwas nicht zu begreifen sei. Während ich gern zugebe, daß die »Negative Dialektik« sehr schwer verständlich ist, die späte Ästhetik gefährlich abstrakt, und daß Adorno gelegentlich in Essays und Kritiken etwas überspitzt, lästerfreudig, frech, effektvoll, respektlos argumentierte. Über Heinrich Schütz, den er für grobschlächtig hielt, hat er ziemlich Unzuständiges gesagt, über Richard Strauss – der uns immerhin die Gestalt der »Marschallin« schenkte – vielleicht doch manchmal zu Keckes.

Aber ist das wichtig, wenn jemand über Beethoven und Böll, über Eichendorff und Proust, über Hölderlin und Beckett, über Carmen und Zerlina Wunderbares, Unvergeßliches vorbrachte? Von den Gestalten, denen er mannigfache Bücher widmete, hier ganz zu schweigen…

Ich sagte, er nahm seinen Zuhörern die Luft nicht weg. Ich könnte hinzufügen, daß er sie sogar zum Reden animierte! Derselbe Adorno, der Hegel mit überlegener Intelligenz Widersprüche nachwies, saß selig lächelnd dabei, wenn einer seiner Schüler ein hübsches Referat hielt. Erfolge seiner Schüler und Freunde machten ihn glücklich – wenn er etwas nicht kannte, war es der Neid. Gut, als ein Student, der später sogar hessischer Kultusminister werden sollte, mit hohem intellektuellem Schweißaufkommen ein verhältnismäßig harmloses Referat vorbrachte, da meinte Adorno, Friedeburgs Vortrag habe ihn an die Nummer eines Exzentrik-Clowns erinnert, der mit ungeheurer Mühe ein Gewicht hochstemmt, welches sich zum Schluß als ganz leicht erweist. Doch solche maliziösen Zensuren blieben Ausnahme. Wenn man allerdings ihn lobte, konnte man unmöglich zu weit gehen. Er erfreute sich einer offenen, unverstellten, liebenswerten Eitelkeit, litt schrecklich unter schlechten Kritiken, wollte sogar da noch geliebt werden, wo er selber kaum liebte.

Er war heiter, aber vielleicht gar nicht übermäßig witzig. Die Dirnen in England, schrieb er, sähen doch alle so aus, als ob mit der Sünde die Höllenstrafe gleich mitgeliefert werde. Und in der Emigration hätte man sich an jeden

Rehbraten, den man einst in Deutschland gegessen, so selig erinnert, als sei der Rehbraten zumindest vom Freischütz selber erlegt worden. Wie gesagt, er war kein zynisch-cleverer Spötter. Er hatte eher Sinn für Humor. Viele brillante Witze jedoch verstand er, glaube ich, gar nicht so rasch, wie ein Torberg, ein Kortner, ein Karl Kraus Witze zu verstehen vermochten. Vor überschäumendem grellem Lachen hatte Adorno sogar Angst. Nicht ganz zu Unrecht. »Wenn man alles das, worüber die Menschen lachen, zusammenstellt, kommt ein KZ heraus« – befand er skeptisch, ein wenig forciert und moralistisch.

Die Geschichte der eigentlichen Wirkung des Philosophen, des Schriftstellers Adorno fing nach 1945 sehr glücklich an. Ich muß etwas Allgemeines zwischenschalten. Es herrschen unter den Nachgeborenen durchaus falsche Vorstellungen über das Jahr des Zusammenbruchs, also über das Jahr 1945 und über die Hungerzeit danach. Die meisten – zumal die damals jungen Leute, die Intellektuellen, Studenten und Kunstbeflissenen, aber *jung* war ja auch, wer damals aus der Gefangenschaft zurückkam und mit 35 Jahren anfing, denn wir begannen alle von einem gewissen Punkt Null – die meisten und die Unbefangensten derjenigen, die damals am Anfang standen, empfanden das Jahr 1945 überhaupt nicht als einen Moment der schrecklich-plötzlichen Katastrophe oder des Zusammenbruchs erhabener völkischer Hoffnungen. Im Gegenteil. Der sogenannte »Zusammenbruch«, der Untergang von Erhabenem, von Für-wahr-Gehaltenem, der Schmerz übers Verlorene: das alles lag bereits zurück! 1945 kam man aus einem Tunnel, der offenbar ins Verderben führen mußte, heraus, rieb sich die Augen, war benommen, glücklich, überlebt zu haben – und stürzte sich, zumal wenn man jung und nicht krank und nicht elend und nicht verwundet war, ins Reich der geistigen Freiheit.

Das mag unglaublich klingen, wie unerlaubte Verklärung. Trotzdem war es für viele so. Die entsetzliche Diktatur hatte, zumindest im Westen, aufgehört. Der SS-Staat existierte nicht mehr.

Es ging uns materiell miserabel. Gleichwohl erlebten wir plötzlich, was wir solange vermißt hatten: die große französische, englische, amerikanische Kultur, die tollen Filme, die Möglichkeit, freier zu denken, zu lesen, übers Provinzielle hinauszukommen. Es war für die damals 16- bis 26jährigen und noch Älteren wie ein Rausch. Die Jahre zwischen 1945 und 1953 sind, intellektuell gesprochen, für die Generation von Grass, Walser, Enzensberger, Ingeborg Bachmann (sie entstammen fast alle den Jahrgängen 1927, 28, 29) »unsere zwanziger Jahre« gewesen. Gewiß überschätzten wir damals alles Neue, sprachen wir verachtungsvoll übers »typisch Deutsche«. Von Preußen war nur hämisch die Rede.

Es herrschte damals – ich war 1948 neunzehn Jahre alt – das Klima heftiger intellektueller Neugier und Erwartung, auch eines demokratischen Pathos. Nun kamen also Adorno und Horkheimer und viele andere Emigranten in dieses Deutschland zurück. Sie erwarteten eine zerstörte Jugend, Diktatur-Geschädigte, eine *klassenlose Gesellschaft von Banausen,* Pimpfe mit Messern zwischen den Zähnen, Kahlschlag-Opfer und Kahlschlag-Täter.

In einem seiner ersten Aufsätze hierzulande hat Adorno seine Überraschung beschrieben. »Auferstehung der Kultur in Deutschland« hieß dieser Hymnus auf eine Jugend, er stand in den *Frankfurter Heften* vom Mai 1950: »Der Intellektuelle, der nach langen Jahren der Emigration Deutschland wiedersieht, ist zunächst von dem geistigen Klima überrascht. Draußen hat sich die Vorstellung gebildet, als hätte das barbarische Hitler-Regime Barbarei hinterlassen. (...) Man rechnet mit dem Abbau von Kultur, dem Verschwinden der Teilnahme an dem, was über die tägliche Sorge hinausgeht.

Davon kann aber keine Rede sein. Die Beziehung zu geistigen Dingen, im allerweitesten Sinne verstanden, ist stark. Mir will sie größer erscheinen als in den Jahren vor der national-sozialistischen Machtergreifung. (...) Selbst geistige Formen wie das unersättlich sich versenkende Gespräch, die längst vergangen dünkten und in der Welt fast vergangen sind, leben wieder auf. (...) Heute ist das politische Interesse erschlafft, während der verwaltete Kulturbetrieb die Menschen noch nicht wieder ganz eingespannt hat. Sie sind auf sich selbst und die eigene Überlegung zurückgeworfen. Sie stehen gleichsam unter dem Zwang zur Verinnerlichung. Daher die geistige Leidenschaft.«

Worin bestand nun aber eigentlich die Wirkung Adornos auf seine jüngeren Bewunderer, zu denen auch ich damals voller Begeisterung gehörte? Jetzt wird es etwas schwieriger, und ich muß diejenigen, die sich in den Werken des Meisters auskennen, um Pardon ersuchen für unzulässige Simplifizierung. Zunächst war Adorno zwischen 1945 und 1950 gar nicht in erster Linie als Philosoph bekannt geworden. 1947 war Thomas Manns Musikerroman *Doktor Faustus* erschienen, den junge Intellektuelle damals als Deutschlands modernes Schicksals-Buch schlechthin lasen. 1949 hatte Thomas Mann dem großen Roman dann ein kleines Büchlein nachgeschickt: »Die Entstehung des Dr. Faustus – Roman eines Romans«. Und in dieser *Entstehung des Doktor Faustus* spielt nun Theodor W. Adorno, der ja Thomas Manns wirklicher geheimer Rat in all den musikalischen, musikwissenschaftlichen und theoretischen Fragen der Zwölfton-Technik gewesen ist, die das Buch intensiv und übrigens nicht immer zu seinem ästhetischen Heil erfüllen, eine entscheidende Rolle. Adorno wurde also den deutschen

Lesern als phänomenal kluger und phänomenal musikalischer Helfer Thomas Manns ein Begriff.

Und dann lasen wir seine *Philosophie der Neuen Musik.* Ich schrieb als junger Student einen langen, keineswegs ganz unkritischen Aufsatz darüber, der in den *Frankfurter Heften,* Juni 1951, erschien – und der Adorno immerhin so gut gefiel, daß ich zu ihm eingeladen wurde, ein Glas von Gretels berühmtem Likör vorgesetzt und freundliche Komplimente zu hören bekam.

Was war nun bei Adorno zu lernen, warum überzeugte er eine ganze Generation von Intellektuellen so nachhaltig? Jürgen Habermas hat das Geheimnis von Adornos Wirkung, Krise und Eigenart in seinen 1984 erschienenen »Vorstudien und Ergänzungen zur Theorie des kommunikativen Handelns« kurz so zusammengefaßt: In der *Dialektik der Aufklärung,* also 1941, »hatten Horkheimer und Adorno (...) das geschichtsphilosophische Vertrauen in jenes Vernunftpotential der bürgerlichen Kultur, das unter dem Druck der enwickelten Produktivkräfte in sozialen Bewegungen freigesetzt werden würde, verloren. Die Entwicklung der Produktivkräfte wie auch des kritischen Denkens erscheinen seitdem in einer trüben Vermischung mit und Assimilation an ihr Gegenteil: die total gewordene instrumentelle Vernunft verkörpert sich in der totalitären Gesellschaft. Damit zerfiel die klassische Gestalt der kritischen Theorie.«

Daraus zog Adorno laut Habermas folgende Konsequenzen: er verzichtete »konsequent auf jeden Versuch der Rückgewinnung normativer Grundlagen« (was eine verdammt weitreichende Behauptung ist). Adorno kam also, laut Habermas, in die »Sackgasse einer totalisierten Kritik«. Weiter wörtlich: »Er überläßt sich dem Negativismus eines Denkens, das im einsamen Exerzitium einer sich selbst verneinenden, in ihren Aporien kreisenden Philosophie die einzige Möglichkeit sieht, wenigstens auf die in der esoterischen Kunst vermummten Gehalte der Vernunft, wie immer auch ohnmächtig, zu verweisen.« Also: der Totalität der Vernunft mißtrauend, habe Adorno nur in Kunstwerken darauf verweisen können, wie da Gehalte der Welt-Vernunft zu erkennen, zu beschreiben seien.

Ich will das trivialer zu erklären versuchen. In der *Dialektik der Aufklärung* heißt es, daß die »vollends aufgeklärte Erde im Zeichen triumphalen Unheils« strahle. Warum? Vollendete Aufklärung suche Souveränität über das Dasein, über die Natur, die nur als dunkle Folie für menschliche Herrschaft erscheine. Das sind Gedankengänge, die man 1985 besser begreifen könnte, als man sie 1951 begreifen konnte. Um Souveränität über das Dasein zu erlangen, schneidet der Mensch – so folgerte Adorno weiter – sich das Bewußtsein seiner selbst als Natur ab, entzaubert er die Welt, unterwirft er alles der logischen Zahl, dem gleichnamigmachenden Prinzip, eben um beherrschen zu können. Indem aber der Mensch versucht, alles totaler Neutralisierung zu unterwerfen, geht der wirkliche Kontakt zwischen Natur und Subjekt verloren, wird aus Erkenntnis bloßes Funktionieren-Lassen; der Mensch gerät dabei aber in Wahrheit immer tiefer in den Naturzwang hinein. Denn wenn die Verschränkung mit der Natur unterbrochen ist, erstarrt das Ich. Natur ist dann nur noch Materie, Vernunft nur noch Funktion. Vernunft kann dann keine inhaltlichen Ziele mehr setzen, sie wird zur zwecklosen Zweckmäßigkeit.

Diese Tendenzen der zwecklosen Zweckmäßigkeit fand Adorno dann, ungemein suggestiv argumentierend, bei Schönberg und Strawinsky in seinem Buch *Philosophie der Neuen Musik.*

Er fand, daß die Künste verraten, was die Kulturindustrien verschleiern: nämlich die Wahrheit über Menschlich-Gegenwärtiges. Und Adorno war imstande, mit

Hilfe seiner Sensibilität, seines geistsoziologischen, marxistisch-hegelianischen Ansatzes und seiner kenntnisreichen Musikliebe Kategorien bereitzustellen zur begründeten Verwerfung dessen, was nicht authentisch, was eklektisch, ein erschlichener Objektivismus oder eitler Subjektivismus sei. Das war von ihm zu lernen. Die Wahrheit entstehe nie im affirmativen, im lobenden, positiven Zusammenhang, sondern sie werde, bei Wagner wie bei Mahler, frei im Kontext des leidenschaftlichen und leidensvollen Zusammenbruchs. Da, wo die Musik Orpheus alles heimlichen Elends und unbarmherziger Samariter zugleich sei – da sei sie wahr, da erinnere sie an ihr Wesen, an ihr Versprechen, daß der Mensch ohne Angst leben solle.

Als junger Student bewundert man solchen pathetischen Scharfsinn rückhaltlos, man lernt denken und historisch empfinden. Erst später spürt man, daß derartige Kategorien wenig Macht haben gegenüber einem Mozartschen Streichquartett oder der Strawinskyschen Psalmen-Symphonie. Doch was tut's: unter dem Schutt der Systeme liegen die Wahrheiten. Und Adornos Herzenskraft hatte unendlich anregende Wahrheiten über Bach und Kant, Heidegger und Hitler, das rüde Sozialverhalten von Orchestermusikern, über Kafka, Brecht, Sartre, Beckett – über soziologische Theorie und philosophische Ausflüchte zu bieten. Am ergiebigsten war er im Seminar. Als die jungen Leute ihm damals Ernst Jüngers Tagebücher, die *Strahlungen,* aufdrängten, weil Jünger manchen imponierte, las er's gehorsam und sagte dann ungehalten: »Widerlicher Kerl, träumt meine Träume« – wie wenn es im Hinblick auf Träume gewissermaßen objektive Besitzansprüche gäbe. Obwohl ich ihn sehr bewunderte, leistete ich mir ihm gegenüber eine enorme Frechheit, völlig unbegründet, aus dem Übermut des Augenblicks. Wenn heute mal jemand Jüngerer fürchterlich und grundlos unverschämt ist, erinnere ich mich dran. Damals trug ich bei Adorno, den ich für den klügsten Menschen hielt, welchem ich je begegnet war, ein Referat vor über irgendein kompliziertes Thema: Hegel und die Dialektik der Sonaten-Form oder so. Ich muß etwas genuschelt haben. Adorno sagte: »Kaiser, ich habe Sie nicht verstanden.« Ich lehnte mich zurück und antwortete von oben herab: »Das will ich Ihnen gern glauben.« Adorno erschrak, aber er schimpfte nicht. Seine Basedow-Augen traten beträchtlich hervor, er schüttelte den Kopf und sagte: »Machen Sie weiter, machen Sie weiter.« Noch heute möchte ich mich für meine übermütige Unverschämtheit bei ihm entschuldigen...

Ingeborg Bachmann

Daß Ingeborg Bachmann aus Klagenfurt stammte – sie wurde dort am 25. Juni 1926 geboren –, weiß heute jeder halbwegs wache Zeitgenosse; es gehört fast zur Allgemeinbildung. Mittlerweile wird, Ingeborg Bachmann zu Ehren, beim Klagenfurter Literaturtreffen und Literatur-Wettbewerb alljährlich der »Ingeborg Bachmann«-Preis verliehen. Längst erkennt man in der Dichterin eine Große, eine Heilige, eine Prinzessin und Königin unserer Nachkriegs-Literatur. Alles dies ist sie gewiß auch gewesen. Und noch viel mehr: eine zähe, im Grunde durchaus kräftige, weltzugewandte, keineswegs über den Sphären des Politischen und Gesellschaftlichen schwebende Frau, Dame, Dichterin. Sie zog sich gern gut, ja chic, erlesen, elegant an. Sie war ganz scheu und ganz bestimmt.

Aber nicht nur, daß Ingeborg Bachmann aus Klagenfurt kommt, ist mittlerweile bekannt geworden. Entsetzlicherweise wurde auch ihr Tod in Rom zu einem langwährenden, die Öffentlichkeit ausführlich betreffenden Vorgang. Man kann sich das nicht schlimm, nicht fürchterlich genug ausmalen: Alle, die das Glück hatten, Ingeborg Bachmann näher zu kennen, sie immer wieder zu sehen und zu sprechen, mit ihr befreundet zu sein – sie alle hatten doch zumindest eines erfahren: welch ein Wert, welch eine Notwendigkeit die Diskretion gewesen ist für diese österreichische Dichterin. Ingeborg Bachmann fürchtete bundesdeutsch auftrumpfende Vorlautheit ebenso wie anbiedernd österreichische Kameraderie. Und darum war ihr langwieriges Hinsterben im römischen Krankenhaus während endloser Oktober-Wochen des Jahres 1973 nicht nur unsäglich schrecklich, sondern auch unsäglich unangemessen. Alles wurde noch jahrelang diskutiert: wie war es gekommen, daß ihr Zimmer in Flammen stand, daß sie offenbar mit einer Zigarette einschlafend alles in Brand gesetzt hatte, daß sie dann noch hatte telephonieren, daß sie unter strittigen Umständen hatte gefunden und in ein Krankenhaus transportiert werden können? Drei Wochen lang las man nun Tag für Tag Zustandsberichte über die hoffnungslose oder vielleicht doch nicht ganz hoffnungslose Situation der Dichterin.

Es war ein gespenstisches öffentliches Hinsterben in einem römischen Krankenhaus. Politiker, literarische und sonstige Zelebritäten telephonierten mit Rom; Tag für Tag fand ein – wie es hieß: schmerzloser – Todeskampf weltweite Beachtung. Wenn ein alter Mensch langsam dem Tod entgegengeht, wenn ein jäher Unfall einen Jüngeren plötzlich hinwegreißt: dies zu fassen ist die Umwelt irgendwie gewöhnt. Aber von einer 47jährigen, auf Diskretion, Noblesse, Scheu und empfindsamen Abstand angewiesenen Dichterin gleichsam stündlich, als ginge es um Lebens- und Sterbens-Kursschwankungen, hören zu müssen, wie nahe der Tod sei, das war schlimm. Das vergißt man nie. In einem ihrer Gedichte hat Ingeborg Bachmann einen Goethe-Vers für solche Unsäglichkeiten abgewandelt: »Die Augen täten dir sinken.«

Ob es verwunderlich wirkt, daß hier nicht von einer Autorin oder Textproduzentin oder Schriftstellerin die Rede ist, sondern von einer »Dichterin«? Diese Bezeichnung, mag sein, klingt sehr altmodisch, wie »Jüngling« oder

»Bräutigam«. Aber auf Ingeborg Bachmann paßte das Wort wie auf niemanden sonst, der seit 1945 seine Stimme erhob. Auch meine Bezeichnungen wie »Dichterin« oder »Prinzessin« galten ja nicht nur einem Rang, sondern vor allem einer Art. Man könnte sich eine Dichterin vorstellen, die im trivialen Sinne wenig Talent besitzt, eine Prinzessin, die arme Eltern hat. Doch die Art, in der Ingeborg Bachmann agierte, re-agierte oder auch dem Gespräch, der Vertraulichkeit sich entzog, die Sicherheit, mit der sie sich ihren Unsicherheiten stellte, ihren Ängstlichkeiten, ihr Vermögen, ja ihre Lust, trotz alledem und alledem Worte zu finden: das war eine poetische Existenz. Wer immer sie sah, sagte ganz ohne zu lächeln, sondern eher zärtlich, ein wenig gerührt, etwas Selbstverständliches bewundernd: »Ja, eine Dichterin«. Wie bei Heinrich von Kleist, dessen »Prinzen von Homburg« Ingeborg Bachmann für Hans Werner Henze geschickt zum Opernlibretto umarbeitete, liegen auf dem Grunde auch vieler ihrer Werke Märchen-Modelle. Das Hörspiel »Die Zikaden« läuft auf eine melancholische Legende hinaus. Am Ende von Ingeborg Bachmanns *Malina*-Roman erzählt das berichtende Ich die Geschichte, das Märchen von einer Prinzessin.

»Es war einmal eine Prinzessin, es sind einmal die Ungarn heraufgeritten aus dem ins Unerforschbare reichenden weiten Land, es war einmal an der Donau und es zischelten die Weiden, es war einmal ein Strauß Türkenbund und ein schwarzer Mantel ... Mein Königreich, mein Ungargassenland, das ich gehalten habe mit meinen sterblichen Händen, mein herrliches Land, jetzt nicht mehr größer als meine Herdplatte, die zu glühen anfängt, während der Rest des Wassers durch diesen Filter tropft... Ich muß aufpassen, daß ich mit dem Gesicht nicht auf die Herdplatte falle, mich selbst verstümmle, verbrenne, denn Malina müßte sonst die Polizei und die Rettung anrufen, er müßte die Fahrlässigkeit eingestehen, ihm sei da eine Frau halbverbrannt…«

Hier zieht sich, und es gibt noch manche andere Feuer-Traumata in Ingeborg Bachmanns Werk, zum Märchen und zur schrecklichen Prophezeiung zusammen, was die Dichterin 1971 am Ende des *Malina*-Romans schrieb, diesem großen Teil eines Prosa-Zyklus, der den Quasi-Arbeits-Titel *Todesarten* trug…

Von alledem ahnten 1953 in Mainz, bei der 12. Tagung der »Gruppe 47«, ein paar Dutzend aufgeregte Literaten gar nichts, als dort auch eine ungewöhnliche Österreicherin erschien. Die war sehr jung, 26 Jahre alt, wirkte zugleich scheu, unsicher und geheimnisvoll – eine junge Dame, die aber – um Grillparzer zu zitieren – irgendwie aus anderen Zeiten zu kommen schien und in andere Zeiten zu gehen hoffte als wir übrigen.

Anfang der fünfziger Jahre hatte sich die westdeutsche Nachkriegsliteratur ein wenig konsolidiert. Das Pathos, die großen, erhabenen, mystisch-aufgeblasenen heroischen Begriffe und Worte der dreißiger oder frühen vierziger Jahre existierten – zumindest für die Jüngeren, für diejenigen, die eine neue Literatur ersehnten – nicht mehr. Man lernte eine andere Sprache. Man übte sich im anderen, bewußt armen und kärglichen Extrem. Man wußte insgeheim, daß dies nicht alles sei: aber die großen, schönen, beschönigenden Metaphern waren halt doch verdächtig geworden. So verhielt es sich zumindest in der Literatur-Gruppe 47, die in einer Wahl – nach sämtlichen Lesungen – ihre Preise verlieh. Nicht nach jeder Tagung, sondern eher unregelmäßig, wurde ein Preis vergeben. 1950 an Günter Eich. 1951 an Heinrich Böll. Doch als die westdeutsche Nachkriegsliteratur in der Gefahr schwebte, sich in kargem Trümmer-Realismus zu verlieren, in schmuckloser und herber Attitüde zu verarmen, das Gefährliche, Poetische ganz zu verlernen, da traten in

33

den frühen fünfziger Jahren zwei Österreicherinnen auf, die wie von selbst die Kontinuität reiner, erlesener Sprachdichtung wiederherstellten: Ilse Aichinger, die 1952 den Preis der Gruppe 47 für ihre »Spiegelgeschichte« erhielt, und eben Ingeborg Bachmann, die 1953 für einige große Gedichte mit dem Preis ausgezeichnet wurde. Schon in den ersten Arbeiten, die Ingeborg Bachmann vorlegte, nachdem sie 1949, also 22jährig, über Martin Heidegger eine Doktorarbeit geschrieben hatte mit dem Titel »Die kritische Aufnahme der Existentialphilosophie Martin Heideggers« – schon in den ersten poetischen Arbeiten des jungen Fräulein Dr. war ihr Eigentümliches ganz da. Der spezifische, persönliche, gleichwohl unprivate Ton. Die hochgespannte Subjektivität. Die Beziehung zu großen Vorbildern – Hölderlin, Rilke, später Goethe, Trakl, Georg Heym –, das intellektuelle Wagnis, die Offenheit für jeden Schmerz, die strenge Unerbittlichkeit. Es waren Höhenzüge deutscher Lyrik, die sich da fortsetzten.

Ingeborg Bachmanns erster Lyrik-Band, aus dem Jahre 1953, hieß »Die gestundete Zeit«.

Gestundete Zeit, das ist Zeit, die man sorglos verbraucht: Aber plötzlich wird diese Zeit, an die niemand denkt, sichtbar wie eine Forderung. Mit dem Dahinleben ist es vorbei. Alles, was war, muß beendet, gelöscht, zurückgegeben, zurückgejagt werden. »Es kommen härtere Tage.« Ingeborg Bachmann las das in ihrem klagenfurtisch melodiös weichen Ton, gleichwohl mit großer, unerbittlicher, ruhiger Härte.

Hochgespannt, überspannt, sehnsüchtig der Tradition verbunden und doch ganz aus dem Gefühl unserer fünfziger Jahre, die nicht so modisch, dürftig und läppisch waren, wie es eine dürftige und läppische spätere Denkmode meint: so dichtete und las Ingeborg Bachmann zu ihrer Zeit! Ihre zugleich empfindsame und herb durchkonstru-

34

ierte Lyrik macht ohne weiteres eine Analogie möglich zur Zweiten Wiener Schule der Neuen Musik: zu Schönbergs Strenge, Alban Bergs Überschwang, Anton von Weberns zart versprengter Modernität. Ingeborg Bachmann war ja sehr musikalisch. Wie gern hörte sie dem Komponisten Hans Werner Henze zu, wenn er ihr aus seinen neuen Arbeiten vorspielte (sie schwärmte dann, Komponisten spielten viel wahrer, nämlich das Wichtige treffender, als die nur fingerfertigen Pianisten). Aber sie war auch einmal tiefbetroffen, nachdem sie in Berlin, im Eröffnungskonzert der neuen Philharmonie, Beethovens 9. Symphonie gehört hatte. Was die Musik anging, war sie vom Fach. Und was Lyrik betraf, konnte sie sogar virtuos schreiben, falls sie es für nötig hielt. So vermischt sie in einem Gedicht, das auch in ihrem ersten Band »Die gestundete Zeit« steht, Goethes Ballade vom König in Thule (das arme Gretchen singt diese Ballade im Faust I) mit dem Volkslied »Am Brunnen vor dem Tore« – und sie bringt das alles in Beziehung zu jenem schuldig gewordenen Deutschland, »dessen enthaupteter Engel«, also dessen gemarterte Seele, »ein Grab sucht für den Haß«. Solche Gedichte sind nicht dafür geschrieben, daß man sie sogleich kapiert wie die Stufen einer Argumentations-Folge. Man muß nur offen sein für die Bilder und auch für die begriffslose Logik des Melodischen. Dann fängt man zumindest an, zu »verstehen«…
Ingeborg Bachmann las dieses Gedicht strenger, weniger süß und sentimental, als die vielen Anspielungen auf Vergangenes vielleicht wirken. Sie wollte nicht »rühren«, sondern eher »berühren« mit ihren Worten und Versen. Wenn man heutzutage beeindruckt ist von dem *prophetischen Ernst,* der aus den Gedichten und aus manchen nachgelassenen (tönenden) Dokumenten der Ingeborg Bachmann spricht, dann passiert in Wahrheit zugleich eine Mystifizierung. Nicht nur, daß die gestrenge Inge-

borg Bachmann wahrlich »lachen« konnte. (Manchmal lächelte man damals auch über sie – über ihre unvergleichliche Mischung aus unsicherer Hilfsbedürftigkeit und sicherem Stolz.) Eine Dichterin war sie von Anfang an, keine Frage. Aber große Figur der deutschen Literatur-Geschichte war sie für ihre Kollegen, Bewunderer, sanften Neider und Freunde zunächst keineswegs, sondern eher eine ungewöhnliche Österreicherin, der man in kleinen und großen Nöten gern half – wenn es irgend möglich schien.

Da sie über Heidegger promoviert hatte, da sie eine eminent kluge Literatin und Kennerin Kafkas war, da deutsche Rundfunk-Honorare damals um ein Vielfaches, wenn nicht Zehnfaches höher waren als die in Österreich gezahlten, bat ich – selber ein junger Redakteur am Hessischen Rundfunk – Ingeborg Bachmann, sie möge doch für die Sendereihe »Das Buch der Woche« Kafkas Roman »Amerika« besprechen. Der von Kafka nicht ganz vollendete Roman war 1953 im S. Fischer-Verlag herausgekommen.

Sie versprach's begeistert. Der Sende-Sonntag näherte sich. Ein Manuskript näherte sich aber nicht. Weder rechtzeitig, noch auch irgendwie zu spät. Aber das Programm war ausgedruckt. Einem Redakteur kann etwas Schlimmeres kaum passieren. Umfangreiches Entsetzen. Notruftelegramme an die Autorin. Dann, im allerletzten Augenblick, tatsächlich ein Manuskript. Wunderbare Sätze über Kafkas Herrlichkeit. Nur: leider viel zu kurz. Selbst mit relativ umfangreichen Zitaten längst keine 15 Minuten, sondern nur sieben oder acht. Aber damals war die Bachmann noch nicht »die Bachmann«; damals wäre es für sie ökonomisch schlimm gewesen, wenn man ihre Arbeit nicht gesendet hätte. Und da ich für die *Frankfurter Hefte* gerade einen Aufsatz über Kafkas *Amerika* vorbereitete, füllte ich mit meinen Sätzen ihre Besprechung auf. Das wurde gesendet, kein Mensch merkte die Doppelvaterschaft. Und nun, ein paar Jahrzehnte später, warte ich immer noch darauf, daß kluge Philologen beweisen, ich hätte in meiner bald darauf erschienenen Kritik jene Rundfunk-Rezension der Ingeborg Bachmann abgeschrieben – weil sich in ihrer Sendung ja tatsächlich einiges von mir fand. Später, als aus Ingeborg Bachmann eine wahrhaft berühmte Autorin geworden war, hätte dergleichen natürlich niemand mehr gewagt.

Als sie in der Gruppe 47 ihre Novelle »Alles« vorlas, die mit einem Riesensatz beginnt, da nahm dieser Riesen-Satz überhaupt kein Ende. Die Manuskript-Papiere verwirrten sich der zitternden Autorin, fielen zu Boden. Alle Männer starrten gerührt und voller Hilfsbereitschaft hin zu jenem unseligen zarten Reh dort auf dem elektrischen Stuhl, dem Lese-Stuhl – die anwesenden Frauen hingegen lächelten maliziös. Sie meinten, die Unsicherheit sei auch ein wenig inszeniert, typisch Bachmann, ein Appell an Hilfsbereitschaft, während sie in »Wirklichkeit« doch alles andere sei als schwächlich, hilflos…

Aber wie war sie in der sogenannten »Wirklichkeit« eigentlich wirklich? Es war keine »Inszenierung«, daß sie auf ihrer ersten Amerika-Reise, der wir auch das große Hörspiel »Der gute Gott von Manhattan« verdanken – daß sie also unmittelbar vor der Ankunft in New York sämtliche Papiere, Geldmittel und so weiter verlor. Man weiß, wie schwer die Einreise in New York ist. Das kann Stunden dauern. Und nun die verzagte Dichterin, ganz ohne jedes Dokument? Ein Einreise-Offizier sah sie. Er begriff. Und schrieb auf ein Blatt Papier: »She can go«. So betrat sie Amerika – und die verlorenen Sachen fanden sich wohl sogar wieder.

Dergleichen passierte immer ihr. So nahm, als sie den Hörspielpreis der Kriegsblinden erhielt, der preisverteilende Minister an, es handele sich nicht nur um einen

Preis von – in einer Jury auswählenden – Kriegsblinden, sondern da würden die Arbeiten kriegsblinder Autoren ausgezeichnet. Als Ingeborg Bachmann verlegen zum Preis-Empfang schritt, packte der Innen-Minister darum die gründlich Entgeisterte bei Arm und Schulter, er hielt sie ja für blind. Sie indessen, weder den Irrtum gleich durchschauend noch auf diese Berührung im mindesten vorbereitet, erschrak bis auf den Grund ihrer Seele.

Was war eigentlich um sie? Max Frisch hat in dem späten Bekenntnis-Büchlein »Montauk« nicht viel verraten. Er liebte die Ingeborg Bachmann, sie liebte ihn. Einige Jahre Hochgefühl, dann hatten es diese beiden Menschen sehr schwer miteinander. Wunden wurden geschlagen, die die Zeit nicht zu heilen vermochte. In »Montauk« schreibt Max Frisch vom Glanz, der um Ingeborg Bachmann war: »wir sitzen vor einem römischen Makler, der die Wohnung einer Baronessa vermietet und zu verstehen gibt, die Baronessa könnte als Mieter einen amerikanischen Diplomaten vielleicht vorziehen, ›Dottore‹, sagt sie entgeistert wie eine Königstochter, die nicht erkannt worden ist und zögert, ›Senta‹ sagt sie, ›siamo scrittori.‹ Und wir bekommen die Wohnung.«

Königstochter, Prinzessin konnte sie sein. Hier in München, wir waren zu schnell gefahren, ein Polizeifahrzeug näherte sich, die Sache stand schlecht. Sie blickte hochmütig flehend aus dem Fenster und sagte fast weinend etwas. Der Polizist entschuldigte sich, tat nichts, zog sich beschämt zurück. So war sie. Sie kannte die Wirkung ihrer Zerstreutheit. Da war denn doch auch ein wenig Selbst-Inszenierung mit im Spiel, wie bei Annette Kolb, wie auch bei Paul Celan. Nur wer dergleichen argwöhnisch bloß für Inszenierung hielte, der irrte sehr. Sie wollte, auch mit diesem Mittel, verstanden, begriffen werden, überzeugen. Es verbarg sich eine rührende Sehnsucht nach zarter, humaner Grenzüberschreitung zum

Mitmenschen in dieser so diskreten Frau. Sie wußte, wie Frauen leiden und sich irren können. Die Herren der Schöpfung indessen hielt sie für verloren. Als der Reporter im Fernsehen sie harmlos betroffen fragte, warum denn die Männer eigentlich so schlecht wegkämen in ihrem *Malina*-Roman, da leugnete sie das Schlecht-Wegkommen geradezu. Fügte aber, wie zur banalen Erklärung, hinzu: »Die Männer sind doch alle krank.« Und dann, nach einer kleinen Pause, in welcher der Reporter irgendwie irritiert dreinblickte, kam die staunend überraschte Frage: »Ja, wußten Sie das nicht?«

Ich habe mir, nachträglich, eine hoffentlich nicht allzu dialektische Erklärung für die Zerstreutheit, für die anekdotenprovozierende Hilflosigkeit dieser klugen, keineswegs weinerlichen oder affektierten Dichterin zurechtgelegt: sie war, daher ihr leiser, aber wunderbarer Stolz, ganz zuletzt ihres Daseins-Grundes vollkommen sicher. Im Gefühl dieser Sicherheit leistete sie sich Unaufmerksamkeit, Zerstreutheiten, Ängstlichkeiten. Sie ahnte, um Jean Cocteau zu zitieren, gewiß immer, oder wenigstens meistens, bis wohin sie zu weit gehen konnte. Ob diese tiefe Daseins-Grund-Sicherheit mit dem ozeanischen Gefühl zusammenfiel, daß unser Dasein ganz unsicher sei, daß eine Seins-Weise des Schweigens und eine radikale Subjektivität solcher Ausgesetztheit besser entsprächen als literarisch-redseliges Weitermachen: solche heiklen Erklärungen seien hier nur angedeutet. Sie würden immerhin ebenso Ingeborg Bachmanns poetischen Glanz wie ihre wirkliche und überwirkliche verzweifelte Zerstreutheit begreiflich machen...

Nie gab es Zweifel an ihrem Rang. Daß Preise ihren Gedichten zufallen würden, daß sie stets unter den ersten genannt werden würde, wenn die Routine-Frage zu beantworten war, was denn von der deutschen Nachkriegs-Literatur »zähle« – es war uns damals so selbstverständlich wie den heutigen Bachmann-Lesern, Literaten und Germanisten. Gegenwärtig werden Ingeborg Bachmanns Werke nach allen Richtungen hin interpretiert – man deutet sie strukturalistisch, feministisch, existentialistisch. Sie werden gewiß bis zur Unverstehbarkeit differenzierter, heikler ausgelotet, als es uns Zeitgenossen damals angemessen schien, die wir doch auch schon ein wenig zu kapieren meinten. Schlimm wäre, wenn eine problemversessene Germanistik sich der Dichterin so radikal bemächtigte, daß sie allmählich zur Geheim-Sache, zum völlig verspäteten Hölderlin, zum Forschungs-Gegenstand verwandelt würde, statt Teil unseres Lebens und Lese-Lebens zu sein und zu bleiben. Wahrscheinlich können aber Forschung und Passion durchaus auch nebeneinander existieren, sogar in der gleichen Person.

An ein fast drolliges Interpretations-Mißverständnis bereits aus den frühen sechziger Jahren erinnere ich mich lebhaft. Ingeborg Bachmann las mal wieder in der Gruppe 47. Diesmal das Gedicht »Liebe: Dunkler Erdteil«.

> Der schwarze König zeigt die Raubtiernägel
> zehn blasse Monde jagt er in die Bahn
> und er befiehlt den großen Tropenregen.
> Die Welt sieht dich vom andern Ende an!

So lautet die erste von neun Strophen. Nachdem sie vorbei waren, machte sich unter den Zuhörern, die das Gedicht von den Lippen der flüsternden Ingeborg Bachmann saugen mußten, eine gewisse Unruhe bemerkbar. Zumal die Gesellschaftskritischen, soziologisch Aufgeweckten schienen mit ihrer Dichterin irgendwie nicht zufrieden. Das sei ja Flucht. Eskapismus, sagte jemand vornehm. Einer wirft den Maler Gauguin und die Südsee in die Debatte. Theo Pirker, kritisch und links, zitiert sogar schadenfroh Freiligraths »Wüstenkönig ist der Löwe«.

Ingeborg Bachmann blickte verwirrt. Sie wußte nicht, was sie denn falsch gemacht habe, wo der Fehler liege. Wieso Pirker auf »Wüstenkönig ist der Löwe« gekommen sei. Nun ja, lautet die Antwort, immer diese alberne Anhimmelung Afrikas, diese unverbindliche Sympathie-Erklärung fürs Ferne und Fremde. Schon der Titel verrate doch alles: »Lieber dunkler Erdteil«.

Darauf gänzliches Stutzen. Endlich Aufatmen. Es handele sich um einen Hörfehler. Nicht »Lieber dunkler Erdteil« heiße das Gedicht, sondern »Liebe: dunkler Erdteil«. »Ach so« – sagten die Soziologen und waren trotzdem ganz zufrieden mit sich und ihrer Dichterin.

Ihre Hörspiele bereicherten die Gattung um zwei exklusive Muster. Ihre Erzählungen gingen vom Sinnfälligen aus und zielten ins exzentrisch Wegelose, Allerkühnste. Manchmal wurde ihren späten Prosa-Werken vorgeworfen, sie seien zu verbindlich. Peter Hamm, der Ingeborg Bachmann sehr schöne Arbeiten widmete, glaubte sogar einmal, in Ingeborg Bachmanns Prosa eine Art Kapitulation erkennen zu können. Als Epikerin ging sie vielleicht wirklich von einer anderen Anspruchs-Stufe aus. Soviel Anspielung, Heftigkeit und Geheimnis sich in ihren letzten Novellen, im *Malina*-Roman und in manchen Fragmenten auch verbarg, die Prosa schien zugänglicher, ein wenig harmloser auch als die große Lyrik. Fast schien es, als wolle Ingeborg Bachmann manchmal auf dem Prosa-Wege jenes Publikum erreichen, das mit Lyrik so schwer zu gewinnen ist. Romane wenden sich schließlich an ein Lese-Publikum; Gedichte doch nur an einzelne Leser.

Solche Vorbehalte erwägend, täuscht man sich wohl. Offensichtlich plante die Dichterin auch in Prosa eine Wiener menschliche Komödie von Balzac-Ansprüchen und vielleicht sogar -Ausmaßen. Da ist Witziges, Weltläufiges, sogar Elegantes. Doch in der Gesammelten Prosa aus dem Nachlaß der mit 47 Jahren tragisch Verstorbenen,

Verbrannten finden sich mannigfache Belege dafür, daß die spätere Prosa keineswegs weniger kühn oder streng entworfen war als Ingeborg Bachmanns Lyrik, sondern vielleicht sogar noch gewagter, aufregender, wilder! Prosa ist keine Erholung mehr, sondern sie wird, etwa im zweiten und dritten Kapitel aus der vehementen Psychiater-Novelle *Der Fall Franza* zur Erkundung von beklemmend eindringlich beschriebenen Formen menschlich-männlichen Versagens. Ingeborg Bachmann erzählt da aufregend, wie ein vollkommen korrekter, wissenschaftlich gebildeter Ehemann die Gattin, wie es wirklich heißt, »faschistisch« behandelt, so daß diese sich in einer Gaskammer träumt. Ingeborg Bachmann versteht es, ungeheuerlich und zart darzustellen, wie man beim Sich-Verlieben die ersten Warnstimmen überhört. Und dann ein Leben, ein Sterben lang für dieses Weghören leiden muß.

Es ist unausdenkbar, welch eine Prosa-Zukunft in Rom verbrannte! Daß sie nicht immer gleichmäßig schrieb, daß sie auch mal »unter ihr Niveau« ging: über diesen Vorwurf, der gelegentlich geäußert wurde, ärgerte sich Heinrich Böll besonders nachdrücklich. Man müsse erst mal Niveau haben, um drunter oder drüber gehen zu können, antwortete er bissig.

Eine letzte wahre Geschichte, die der jungen Ingeborg Bachmann zumindest passiert sein könnte. Als sie 1952 in Hamburg für Gedichte an der Kasse des damaligen NWDR ihr Honorar ausbezahlt bekam, protestierte sie. Es sei zuviel! Ein Irrtum bei der Abrechnung. Aber alles war korrekt. Die junge Klagenfurterin hatte nur eben die (winzigen) österreichischen Summen erwartet. So nahm sie's errötend an. Heute wissen wir längst, daß kein Geld und Gold dieser Welt ihr Herz und ihre Worte aufzuwiegen vermögen.

Wilhelm Backhaus

Wilhelm Backhaus kam aus einer Zeit, über die wir viel wissen, die wir uns aber trotzdem kaum vorstellen können. 85jährig starb er im Jahre 1969. Ich habe sein letztes Konzert, in welchem der Pianist einen Gehirnschlag erlitt, miterlebt.

Wilhelm Backhaus stammte nicht nur aus der Vorweltkriegszeit, sondern tief aus dem 19. Jahrhundert. Menschen, deren geistige und charakterliche Entwicklung sich lange vor 1914 vollzog, sind, um es ein wenig platt zu sagen, in völlig anderen Koordinaten- und Werte-Systemen groß geworden als jene Späteren, die in ihrer Jugend die Bezweiflung aller Normen mitzumachen hatten, wie sie sich während der zwanziger Jahre und erst recht nach 1945 vollzog, als man das Pathos und den Ernst, aber auch den Glauben und den Materialismus des 19. Jahrhunderts wie eine ferne Legende bestaunte, ja belächelte.

Der alte Backhaus, der mehr als sechzig Jahre lang einer der berühmten Klavierspieler Europas gewesen war, vielbewundert wegen seiner phänomenalen Sicherheit, bekam, ohne daß es im mindesten kokett war, im persönlichen Gespräch den Satz fertig: »Ich weiß nicht, ob ich mich noch vor mein Publikum wagen darf.« *Mein Publikum* – sagte und dachte er. Moderne Künstler würden das nicht so personalisieren, sie würden vielleicht sagen: »das Publikum«. Und sie würden sich eine solche Frage wahrscheinlich gar nicht stellen, falls sie annähernd soviel können, wie jener alte Herr bis in die letzten Tage seines Lebens konnte.

Backhaus' Bewunderer nach dem Zweiten Weltkrieg, die zumeist um viele Jahrzehnte jünger waren als der souveräne und ziemlich kahlköpfige alte Herr, dem in seinen späten Tagen noch eine merkwürdige Zartheit, Empfindsamkeit, Poesie zugewachsen war – sie wußten gewiß nicht, daß Wilhelm Backhaus im *Goldenen Buch der Musik,* einem prachtvollen Sammelband des Wilhelminischen Zeitalters, aussah, wie man sich den typisch romantischen Virtuosen vorstellen möchte: dichtes, phantastisch gelocktes Künstlerhaar, ein unternehmender, kühner und kühler Blick. Das Bewußtsein der eigenen pianistischen Allmacht und vernünftiger sächsischer Musiker-Realismus sprachen aus dem Bilde dieses Sturm-und-Drang-Backhaus. Damals spielte er viel Liszt, sogar jene Transkriptionen und Schubert-Bearbeitungen, die man heutzutage vergnügt wiederentdeckt und würdigt, nachdem man sie gut fünfzig Jahre lang für bloße Klingelmusik, für müßigen musikalischen Mumpitz hielt.

1884 geboren worden und in Leipzig als Wunderkind aufgewachsen sein: ermessen wir, was das bedeutet? Backhaus ist noch Zeitgenosse von Bruckner, Brahms, Hugo Wolf gewesen; Max Reger und Debussy waren für ihn Gegenwartskomponisten, deren neue Werke er einstudierte.

Mit 17 Jahren machte Backhaus seine erste Konzertreise nach England. Vorher hatte er bei Alois Reckendorf in Leipzig Klavierunterricht genommen und als 14jähriger von Eugen d'Albert – der ihm eine große Zukunft voraussagte – einige Ratschläge bekommen. 1905, also einundzwanzigjährig, wurde der junge Pianist, der damals in

England und Amerika größere Erfolge erzielte als in Deutschland, bereits Professor im Royal College of Music, zwanzig Jahre später unterrichtete er kurz im Curtis Institut in Philadelphia. Alles das aber war Nebensache. Er hatte eigentlich keine Schüler, er studierte die gleichen großen Werke immer wie neu ein und scherzte: »Ich habe einen einzigen Schüler, der heißt Backhaus.«

Als er hochbetagt immer noch herrliche Konzerte gab, da sagte er, nun höre er genau denselben Satz wieder, der schon vor 70 Jahren über sein Wunderkind-Klavierspiel geäußert worden sei. Nämlich die Feststellung: »Ungewöhnlich für sein Alter«.

Dabei war Backhaus gewiß kein witziger, brillanter Mann oder gar Lebemann wie ein Rubinstein, ein Milstein, ein Bernstein. Um ihn war gewiß nicht Trockenheit – aber doch Solidität. Geza Anda, der frühverstorbene Pianist, hat mir einmal erzählt, wie er in irgendeinem Kurort ein Beethoven-Konzert gespielt und erschrocken den alten Backhaus unter seinen Zuhörern erkannt habe. Als Anda fertig war, kam Backhaus zu ihm ins Künstlerzimmer, sagte: »Junger Mann, Sie verstehen Ihr Handwerk«, lud ihn zum Wein ein. Und als die Frauen längst schlafengegangen waren, redeten die beiden immer noch über Musik und Pianisten, und Backhaus fragte den Jüngeren fast verlegen: »Verstehen Sie eigentlich, warum der Alfred Cortot so berühmt ist, was an dem dran ist?« Cortots flammend-freie Phantasie hat Backhaus offenbar nicht sehr imponieren können. Um so deutlicher hat Backhaus natürlich gemerkt, daß der poetische Franzose technisch nicht immer ganz sattelfest war.

In Salzburg saß ich mal in seiner Nähe, als Rossinis „Barbier" aufgeführt wurde, und der Alte schwärmte, wie fabelhaft doch die Gewitterszene komponiert sei. Nach einem etwas forcierten Klavierabend von Svjatoslav Richter schwärmte er weniger, sondern sagte nur: rasch raus hier und was trinken. Er konnte auch streng sein. Einmal probte er in Hamburg zusammen mit Hans Schmidt-Isserstedt ein Klavierkonzert. Und er spielte so souverän, daß die Orchestermusiker ihn wie eine Mischung aus Gott und Vater anstarrten. Irgendwie paßte das dem Isserstedt nicht und er unterbrach den wunderbar organisch verlaufenden Beethoven-Satz ganz unnötig wegen irgendeiner Lappalie – offenbar, um wieder als Dirigent in den Mittelpunkt zu geraten. Da guckte Backhaus mürrisch auf – und spielte dann viel weniger inspiriert-beteiligt weiter.

Backhaus besaß eine alte Partitur des Brahmsschen B-Dur-Klavierkonzertes, in der mit zierlicher Hand Eintragungen vorgenommen worden waren, Hinweise, die Backhaus vom Brahms-Freund und häufigen Uraufführungs-Dirigenten Hans Richter persönlich bekommen hatte. Als Backhaus mit Richter jenes Brahms-Konzert einstudierte, war Brahms erst vier Jahre tot! Auf solche Erfahrungen griff er zurück.

Wie lernt man als junger Mensch einen großen Interpreten kennen und bewundern? Die Antwort scheint nahezuliegen: indem man ein Konzert des Künstlers besucht und sich sein Urteil bildet. Doch so sachlich geschäftsmäßig geht es in umständlicherer Wirklichkeit nicht immer zu. Bei uns zu Hause wurde, als ich noch ein Kind, ein Schüler, ein Heranwachsender war, in den dreißiger und vierziger Jahren des Jahrhunderts viel von Backhaus gesprochen, obwohl ich nicht aus einer Musiker-Familie stamme, sondern aus einem Arzthaus. Er spiele kühl, hieß es gelegentlich, aber doch männlich, vollkommen beherrscht und mit grandiosem Schwung, wenn es denn sein muß. Damals gab es zwar schon Platten, aber doch noch keine Langspielplatten, die später eine Bewußtseins-Revolution in der musikalischen Welt hervorriefen, weil ja nun alles leicht verfügbar, zu Händen und darum viel-

46

leicht auch nichts mehr so *Besonderes* war. Doch wenn wir zu Hause mal eine Backhaus-Platte auflegten, der Brahms-Intermezzi oder seine Interpretation des Beethovenschen Es-Dur-Konzertes, dann waren das schöne Höhepunkte eines sonst wahrlich nicht krisenlosen Familienlebens. Wer so etwas in früher Jugend erfährt, hat eine bleibende Erinnerung für später. Nicht nur eine Erinnerung, sondern ein Bild, ja ein Idol.

Ich wußte natürlich damals nicht, daß Backhaus zwar als meisterhafter und verantwortungsbewußter Pianist vollkommen unumstritten, daß er aber in Deutschland als Interpret – vielleicht gerade, weil man ihn in England und Amerika so schätzte, wo etwa ein Edwin Fischer, auch ein Furtwängler es doch schwerer hatten – nicht immer anerkannt wurde. Backhaus galt nicht als bloßer Virtuose, wohl aber als, sagen wir, Technokrat. Walter Niemann, der kluge Komponist und Kritiker, schrieb also 1921 in seinem Buch *Meister des Klaviers:* »Wohin der Neuklassizismus bei geistiger und seelischer Indifferenz und höchstgesteigerter Technik führt, dafür ist der Leipziger Wilhelm Backhaus ein lehrreiches Beispiel… Backhaus reicht uns den allgemeingültigen Inhalt eines Kunstwerkes in formvollendeter und technisch kristallklar geschliffener Schale… die Kraft, Ausdauer und Treffsicherheit seines Spiels, die unbedingte Zuverlässigkeit seines gewaltigen Gedächtnisses – all das ist vollkommene Meisterschaft, an der man ehrlich staunend und bewundernd sich immer wieder herzlich erfreut.« Fabelhaftes Lob; doch solche Sätze haben einen gefährlichen Sog, sie lechzen nach dem tödlichen »aber«. Und das kommt nun auch – denn jetzt schießt Niemann aus Leipzig auf den Leipziger Backhaus: „Allein… die Schattierungsfähigkeit seines Klaviertons bleibt gering… das piano kühl… Backhaus ist und bleibt der akademische Techniker. Das Stilgefühl und die Kunst der Einzelcharakteristik ist kaum

entwickelt. So spielt er nicht nur rein tonlich, sondern auch seelisch Bach wie Liszt, Brahms wie Rubinstein, Schumann wie Debussy, Beethoven wie Chopin...«
Was für eine kluge und vernichtende Kritik an einem 35jährigen Meisterpianisten! Und was für ein kritischer Übermut, nicht nur die Vergangenheit und Gegenwart zu analysieren, sondern auch über die Zukunft zu richten! Niemann glaubte zu wissen, nicht bloß, was Backhaus ist, sondern auch, was er bleiben werde. »Er ist und bleibt der akademische Techniker.«
Vielleicht war an dieser Kritik ein wenig dran. Trotzdem ging die kritische Selbstherrlichkeit, der analytische Rausch eines Rezensenten – so was kommt vor, später geniert man sich dann – hier entschieden zu weit.
Denn Backhaus wuchs eben doch noch! Er spielte in den dreißiger Jahren Schumann feurig schwungvoll, Chopin objektiv, groß und ohne unnötiges Parfum. Und in Backhaus' späten Tagen geschah dann noch ein zartes Wunder: dem 70-, 75-, 80jährigen, dessen Technik makellos blieb, weil sie halt von Jugend auf ganz solide und ohne alle kräfteverschleißende Forciertheit war, dem alten Künstler wuchs eine überraschende Zärtlichkeit, poetische Freiheit zu. Wie heißt es im *Faust I*? »Das strenge Herz, es fühlt sich mild und weich.« Da war immer noch der große, ruhige, erhabene Ernst – aber hinzuströmte jene Süße, die auch zu Frau Musica gehört.
Wir wollen ihn hier nicht zum Klavier-Heroen stilisieren. Er konnte, wenn er mürrisch aufgelegt war, ganz hübsch langweilig spielen. Mozart ohne erkennbare Anmut; frühen Beethoven ohne erkennbaren Tiefsinn. Mit einigem Schaudern erinnere ich mich noch eines Münchner Konzerts, das einst zwei von mir so hochverehrte Künstler wie Hans Knappertsbusch und Wilhelm Backhaus gaben. Wie hatte ich mich darauf gefreut! Beethovens Es-Dur-Konzert. Und dann waren sie nicht ganz zusammen bei diesem

ihnen beiden lebenslänglich wohlbekannten Stück. Und dann gab, während der majestätischen Eingangsakkorde des Orchesters, gegen welche das Klavier anzuspielen hat, Knappertsbusch – er war wohl müde – einfach die Einsätze nicht. Beim erstenmal nicht, beim zweiten Mal auch nicht, und beim dritten Mal mußte sich der Konzertmeister mit heftigen Verrenkungen in die Bresche werfen, weil sonst wohl überhaupt kein richtiges Tutti zustande gekommen wäre. Ich schrieb enttäuscht und vorsichtig und gewiß ehrfurchtsvoll über dieses hörbare Versagen zweier Großer – handelte mir aber gleichwohl böse Briefe ein von Musikfreunden, die es unerhört fanden, daß ein junger Rezensent auch nur ein Wort gegen Künstler wie Backhaus und Knappertsbusch vorzubringen wagte.

In seinen letzten Jahren wurde Backhaus zum ruhigen Propheten der Kunst von Brahms und Beethoven. Ich durfte einmal eine lange Probe besuchen, in welcher Backhaus sich lächelnd von mir befragen ließ. Immer, wenn ich etwas besonders Heikles wissen wollte, sagte er heiter: »Na, Sie werden ja gleich hören, wie ich es mache!« So sicher war er seiner Sache, so selbstverständlich war ihm, daß eigentlich nichts passieren könne. Seine Devise lautete, man müsse die allerschwersten Dinge wie im Traum, als technische Reserve können und beherrschen, um dann dem Schweren auch unter ungünstigen Voraussetzungen gewachsen zu sein. Wer Liszts »Glöckchen-Etüde« mit ihren Riesensprüngen fehlerlos spielt, der kann auch mit einer Grippe, mit Fieber und unausgeschlafen ein etwas weniger schweres Stück meistern. Man dürfe nie an den äußersten Rand gedrängt, auf die letzten Reserven verwiesen werden. Das klingt alles sehr vernünftig. Aber in einem hat der alte Herr bestimmt geirrt: Als ich wissen wollte, ob sich denn seine Auffassung des B-Dur-Konzerts von Brahms im Laufe der sechzig Jahre, die er es nun schon spiele, irgendwie geändert habe, antwortete er kühl: »Nein«. Er spiele das Stück seit 1903 eigentlich immer ungefähr gleich. Und das war eine Selbsttäuschung. Backhaus' nächste Äußerung zeigt es. Der Dirigent fragte nämlich höflich, ob Backhaus bei einem bestimmten Übergang ein *Ritardando* machen wolle. Darauf Backhaus – ich habe mir damals alle seine Antworten verstohlen in meine Partitur geschrieben: »Je älter man wird, desto lächerlicher wird jedes Ritardando.« Und er fügte, mehr für mich als für den Dirigenten, hinzu, gewisser Ritardando-Zutaten bedürfe nur zweitklassige Musik. Das große Brahms-Konzert indessen sei erstklassig. Den Dirigenten bat er, im großen Orchester-Vorspiel nach dem Einleitungs-Solo doch nicht zu laut zu werden. Ein übermäßiges Fortissimo lege da die Assoziation von Brucknerscher Macht und Symphonik nahe, und dann vergesse jeder Mensch, daß doch noch ein Klavier mitspiele. Manche seiner Akkorde ließ er bewußt etwas länger liegen, damit sie ins Horn hineintönen könnten und keine Löcher entstünden. Beim lyrischen Andante sagte er wörtlich: »Je schlichter, desto schöner wird's werden.« Was das dramatische Ende des ersten Satzes betrifft, so entdecken da manche Interpreten Stretta-Tendenzen. Sie beschleunigen also auf den Schluß zu. Backhaus verlangte: da dürfe es kein »Accelerando«, also keine Beschleunigung geben. Es müsse vielmehr »groß, ganz groß« klingen. Und bei kantablen Bewegungen dürfe man die unwichtigeren unbetonten Achtel nicht zu sehr fallen lassen, das klinge gleich trivial.

Die Sicherheit, mit der Backhaus dann das Konzert bewältigte, die gespannte Gelassenheit, sein enormes Tempo bei schweren Stellen: alles das war meisterhaft, außerordentlich und selbstverständlich zugleich. Er löste sein wunderbares und rätselhaftes Bekenntnis wahrlich ein: »Meine Seele liegt in meiner Technik.«

Backhaus ist mit dem Dirigenten Karl Böhm befreundet

gewesen. Die beiden haben, auch fürs Fernsehen, schöne, maßstabsetzende Aufführungen der Beethovenschen Klavierkonzerte eingespielt; es sei an seine Aufnahme des G-Dur-Konzertes nachdrücklich erinnert. Sie wurde im Wiener Musikvereinssaal gemacht. Und da sprang die Kamera nicht verwirrend von einem Musiker zum anderen, vom Cello auf die Tasten, von Böhms Stab zu Backhaus' Hand, sondern sie dokumentierte – von einem sehr guten Platz aus – ruhig, was sich abspielte, wenn zwei große Künstler Beethoven dienten. Backhaus blieb auch dem Freund Böhm gegenüber unbestechlich. Karlheinz Böhm, der mittlerweile ein berühmter Schauspieler und bewunderungswürdiger Entwicklungshelfer geworden ist, wollte wohl als junger Mensch auch mal Pianist werden. Er spielte dem Onkel Wilhelm Backhaus, dem Freund des Hauses und des Vaters, den ersten Satz von Beethovens c-Moll-Konzert vor. Er sei dann recht enttäuscht gewesen, so erzählt Karlheinz Böhm aufrichtig, als Backhaus sächsisch-realistisch sagte: »Fürn Sohn vom Böhm doch nicht genug.«

Als 75jähriger war Backhaus auch vor heikelsten Auftritten vollkommen ruhig. Nur als törichte Fans ihm einmal in Hamburg seinen gewohnten Klavierstuhl stahlen, den er um der Treffsicherheit willen unbedingt zu benötigen glaubte, da wollte er fast ganz aufhören.

Männlich und imponierend vertrat Backhaus, ganz ohne titanische oder subjektivistische Attitüde, den Realismus der sächsischen Musiker-Tradition: Bach, Wagner, Schumann, Karl Richter, Rudolf Kempe und viele, viele andere; sie kamen ja alle aus Sachsen. Backhaus' Konzerte, gleich nach 1945, waren Offenbarungen, auch in New York, wo man über Backhaus' beispiellose Beethoven-Kompetenz staunte. In München besaß er eine Gemeinde.

Der uralte Backhaus und Friedrich Gulda begegneten sich 1969 in Ossiach. Die Photographen schwärmten: wenn

Backhaus' und Guldas Hände ineinander lägen – ein solches Bild müsse einfach um die Welt gehen. Aber dazu kam es dann nicht mehr. Das Konzert, das Backhaus am 29. Juni 1969 in der Ossiacher Stiftskirche geben wollte, sollte sein letztes werden. Dieser Klavierabend ist dokumentiert. Eine Schallplatte von » Wilhelm Backhaus' letztem Konzert« liegt vor.
Er wollte ein schweres Beethoven-Programm absolvieren im 86. Lebensjahr. Die Es-Dur-Sonate Opus 31 Nr. 3, die »Les Adieux«-Sonate, die Opus 111. Merkwürdig, abgesehen von der ersten Sonate handeln die beiden anderen irgendwie vom Abschied: die Les-Adieux-Sonate vertont das abschiednehmende »Lebe wohl«, und die Opus 111 ist Beethovens letzte Sonate, sein Sonaten-Testament. Aber diese beiden Spätwerke erklangen nicht mehr. Ich saß ganz nah am Podium. Ich sah, wie sich im Scherzo der Beethovenschen Es-Dur-Sonate Opus 31 Nr. 3 die Gesichtsfarbe des 85jährigen plötzlich veränderte, kalkweiß wurde. Aber unverändert blieb unbegreiflicherweise die Sicherheit, die rhythmische Präsenz, die Kunst des ein Leben lang verantwortungsvoll ausgeübten Klavierspiels. Der heitere, spirituell witzige Scherzo-Satz ging zu Ende. Dann spielte Backhaus das Menuett. Es ist ein zärtliches Menuett, ein Typus, über den Beethoven eigentlich schon hinaus war, den er – lächelnd, nicht spöttisch, sondern liebevoll – wie eine Erinnerung an Früheres komponiert hat. Backhaus spielte nun das Menuett – und schien währenddessen schon nicht mehr ganz von dieser Welt. Erhob sich danach totenblaß und sagte bescheiden: »Ich bitte um eine kleine Pause.«
Nach alledem wagte Backhaus das Finale der Sonate nicht mehr. Statt dessen spielte er ein Impromptu Schuberts und zwei Fantasiestücke seines Landsmannes Robert Schumann mit tief bezüglichen Titeln. Nämlich »Des Abends« und »Warum?«. Bevor der alte Herr das tat,

machte er etwas Seltsames: er improvisierte auf dem Flügel, um von der Tonart, mit der er geschlossen hatte – Es-Dur – ins Des-Dur von »Des Abends« zu gelangen. Was für eine beschwingte Pedanterie am Ende eines langen, dem Klavier und seiner Musik gewidmeten Lebens!

Maria Callas

Sie besaß eine Stimme, die von tiefer Altlage bis in schwindelerregende Koloratur-Höhen reichte. In ihren allerbesten Jahren, zwischen 1950 und 1960, als die Callas zur »Göttlichen« avancierte, als man sie »die Primadonna des Jahrhunderts« nannte, beherrschte sie die Technik des akrobatischen Koloratur-Singens brillant, da hatten ihre Töne Feuer, Finsternis, Glanz und umwerfende Kraft, da verfügte sie über mehr Farben als alle Konkurrentinnen. Wer sie damals erlebte, fand sie unwiderstehlich und wollte ihr sämtliche Skandale verzeihen, die sie je ausgelöst hatte oder noch bereiten würde.

Aber das war ja nur ihre Stimme. Der Kehlkopf – sonst bei Sängerinnen das Wichtigste – ist für diese »Göttliche« nur ein Kunstmittel von vielen gewesen. Die Callas war mehr als nur »Stimmbesitzerin«; sie war ein Genie des dramatischen Ausdrucks. Keine Sängerin verstand es wie sie, sich zum durchglühten Objekt eines Gefühls zu machen. Sie nahm ihre Kunst wahnsinnig ernst. In jungen Jahren gab sie auch bei jeder Probe – unklug, zumindest unökonomisch – immer das Äußerste.

Auf der Bühne dominierte sie. So schenkte sie unserem Jahrhundert eine ungeheure Ahnung davon, wie einst die berühmten Tragödinnen und Heldinnen des Welttheaters gewesen waren. Als ich die Callas das erstemal erlebte, konnte ich mir plötzlich vorstellen, auf welche Weise einst die Malibran oder die göttliche Duse oder Caruso Zuhörer und Zuschauer in Trance versetzt haben mögen. Sie war überdies viel »schöner« – genauer: sie war viel edler und charaktervoller – als auf allen Photographien. Keinerlei Primadonnen-Schärfe oder Schmink-Vergröberung entstellte, versehrte ihr Gesicht. Langsam und lächelnd erschien sie zu ihrem Gala-Arien-Abend, Mischung aus Königstochter und Erstkommunikantin, vom Kreuz des Südens träumend, aber an Beifall gewöhnt. Sie trug ein schwarzes, keineswegs trägerloses Abendkleid, wenigen, aber erlesenen Schmuck. Maria Callas begann mit einer schmerzensreichen Arie von Massenet, sang dann die »Habanera« und die »Seguidilla« aus »Carmen«. Nach der Pause eine Arie aus Verdis »Ernani«, die Angelina-Arie aus Rossinis »Cenerentola« und zum Schluß die große Eboli-Szene aus Verdis »Don Carlos«.

Wer Maria Callas hauptsächlich aus der Illustrierten-Perspektive kannte, mußte ihren Weltruhm für ein typisch abendländisches Armutszeugnis halten: Milliardärs-Yachten, Weinkrämpfe, Skandale statt Kunst. Wenn man sie jedoch erlebte, stellte sich sogar eine gewisse Hochachtung vor einer musikalischen Öffentlichkeit her, die diese Callas zu ihrem Idol machte. Denn an Maria Callas war eben nicht eine hauptsächlich jeden Widerstand niederlegende Perfektion zu bewundern. Sie verkörperte keineswegs jenen Künstlertypus, dem vor allen Dingen nichts mißlingt. An ihr bestach die unvergleichliche Wahrheit des Ausdrucks. Es ehrt die Welt, daß sie sich davor verbeugte und nicht nur nach Perfektion fragte. Bestrickend schön die Mittellage, überraschend brillant die Koloraturen, glänzend Aussprache und Nuancierung. Aber auf solche Einzelheiten brauchte man nicht zu achten, weil »die Callas« erst da einzigartig wurde, wo die Sphäre des Ausdrucks, ja man darf sagen: der dramatischen Seele begann. Die Größe von Maria Callas triumphierte da, wo Gesang und Mimik nur noch Mittel zum Zweck waren. Was sie bot, war weder ein rein schauspielerisches oder rein sängerisches, sondern ein künstlerisches Ereignis.

Sie wollte siegen, überwältigen. Selbst ihre eigene Stimme war für sie manchmal so etwas wie ein Gegner. »Die Stimme ist heute nicht gekommen«, oder, noch deutlicher: »Die Stimme hat heute abend nicht gehorcht«, klagte sie dann. Und der Milliardär Aristoteles Onassis, der sie die irdische, die passionierte Liebe kennenlehrte, dieser Onassis (wahrlich kein Opernfan, kein Fachmann) bewunderte seine Maria nicht so sehr als Sängerin, sondern als Kämpferin.

Ich habe einmal mit angesehen, wie diese »Göttliche« zu kämpfen und zu faszinieren verstand! Bei einem ihrer Arien-Abende dirigierte ihr Partner, der Orchester-Chef George Prêtre, die »Carmen«-Ouvertüre. Die Callas, neben ihm auf der Bühne stehend, hörte zu, als wolle sie den Dirigenten verführen. Er bot eine gepfefferte Wiedergabe des Vorspiels. Danach folgt normalerweise Riesenbeifall. Eben das paßte aber der Callas aus irgendeinem Grunde nicht. Sie machte, als die Ouvertüre schmetternd geendet hatte, einen winzigen Schritt nach vorn. Da sah man nur auf sie, ließ den Dirigenten einen Dirigenten und die Ouvertüre Ouvertüre sein, vergaß den Beifall. Es war beispiellos. Völlige Stille.

Eine der großen Callas-Rollen ist die Partie der einst tragisch verliebten und nun tragisch liebenden Priesterin Norma gewesen. Als die Callas bereits den Höhepunkt ihrer Kunst hinter sich hatte, schaffte sie – ich erlebte es teils beklommen, teils begeistert in Paris – die hohen Töne dieser heiklen Bellini-Figur nicht mehr »sicher«. Aber das

Pariser Publikum – das bestimmt mindestens so grausam und schadenfroh sein kann wie jedes Opernpublikum der Welt – pfiff nicht, buhte nicht, als der Callas manches mißlang. Sondern das versnobte Pariser Publikum litt mit! Ich war dabei, fand es ungerecht – denn andere Sängerinnen würden ausgepfiffen für dergleichen –, aber doch richtig in höherem Sinne. Man stöhnte, wenn der hohe Ton wegblieb. Man ächzte voller Mitleid, so als ob sich eine schwache Märtyrerin gegen mehrere Mörder zugleich wehren müßte. Und als dann die Callas, es ging um rasende Eifersucht, panisch-unruhig wie ein Tier im Kreise herumirrte statt einen konventionellen Eifersuchts-Ausbruch vorzuführen, da wirkte diese verzweifelt-stumm schreitende Frau tausendmal ausdrucksvoller als alle perfekten Sopranistinnen mit ihren satten, schönen Tönen.

Wie alle großen Tragödinnen des Welttheaters verstand sich Maria Callas auf die Kraft der großen, gewaltigen Gefühle. Sie wußte, sie spürte, sie konnte als Künstlerin deutlich machen, was »Schicksal« sei. Nun gibt es in der Opernliteratur eine Rolle, wo eine anti-bürgerliche, anarchische Person, die der gesitteten Zivilisation bereits durch ihr So-Sein widerspricht, sowohl die Ordnung herausfordert als auch die Kräfte des Schicksals. Das ist die Carmen. Bizets Carmen hat einerseits keine Angst vor Ordnungsmächten, Soldaten, Polizisten – sie ist unabhängig –, andererseits ist sie erfüllt von radikalem Aberglauben und weiß, »die Karten lügen nicht«. Sie frönt finsterem Fatalismus. Diese Mischung aus Wildheit und Fatalismus hat Maria Callas mit dunkler, erregter Stimme vorgeführt, als sie freilich schon ziemlich am Ende ihrer Karriere den berühmten Karten-Monolog aus dem dritten Akt der »Carmen« darbot.

An dieser Callas-Carmen müssen sich auch heute noch alle Künstlerinnen messen, die es mit der berühmten

Rolle aufnehmen wollen. Jene großen Sängerinnen, die in die Interpretationsgeschichte eingehen, sind nämlich nicht nur gefeierte Stars oder geliebte Wunder. Sie sind auch, grob gesagt, Maßstäbe für die anderen.

Geboren wurde Maria Kalogeropulos als Tochter eines nach New York ausgewanderten griechischen Apothekers am 2. Dezember 1923. Das zumindest behauptete Maria, die sich später »Callas« nannte. Die Mutter, die es eigentlich doch besser wissen müßte, sah selbst das Datum anders. Sie bestand auf dem 4. Dezember. Diese relativ kleine Differenz war aber nicht der einzige Konflikt zwischen Tochter und Mutter. Frau Kalogeropulos ließ zwar das Kind Maria, dessen schöne Stimme auffiel, ausbilden. Aber für diese kleine, dickliche, in Gesangswettbewerben imponierende Tochter Maria hatte die Mutter wohl nur Ehrgeiz übrig. Wirklich geliebt hat die Mutter indessen eher Marias hübsche Schwester. Die pummelige Gesangsschülerin fraß sich dafür mit Süßigkeiten voll und nahm fleißig Stunden. Später beklagte sich Maria – so berichtet ihre kluge Biographin Arianne Stassinopulos –, alle diese Talentwettbewerbe, Kindershows, Radio-Sendungen seien schrecklich. Sie sagte: »Gegen dergleichen sollte man Gesetze erlassen.« Und: »Ein Kind, mit dem man so verfährt, altert vorzeitig. Man beraubt es seiner Kindheit.«

Daher der lange, nie zurückgenommene Haß gegen die Mutter? Man ging nach Griechenland zurück. Dort machte Maria während des Zweiten Weltkriegs eine Jugend-Karriere am Athener Opernhaus. Sie spielte auch unter deutschen Dirigenten und vor deutschen Soldaten »Fidelio«. Natürlich viel mehr noch vor Griechen. Ihre Familie verbarg sogar englische Soldaten, die aus einem Gefangenenlager geflüchtet waren. Aber nach 1945 nützte diese Mini-Form der Résistance unserer Heldin Callas gar nichts. Der Vertrag zwischen der 22jährigen

Maria Callas und der Athener Oper wurde nicht verlängert. Sie sei während der letzten Monate der Besatzung als Sängerin allzu aktiv gewesen.

Darum zurück nach Amerika. Kein Abschied von der Mutter. Und dann wieder nach Italien. Von dort der steile Aufstieg. Sie sang damals Partien, an denen ihr später nichts mehr lag. Richard Wagner – Isolde und Kundry –, Puccini, den sie nicht sehr mochte, Mozart, den sie für ein wenig langweilig hielt. Aber als sie zu »ihren« Rollen gekommen war: zu der Medea (Cherubini), zu der Lucia di Lammermoor (Donizetti), zu den großen Verdi-Partien, auch zur Tosca von Puccini, da glich nichts ihrem Ruhm. Sie wurde die absolute »Primadonna«. Einer ihrer ganz großen Auftritte, Gesangs- und Koloratur-Erfolge fand in Deutschland statt. Und zwar in Berlin, unter Herbert von Karajan, in der großen goldenen Zeit der Callas Mitte der fünfziger Jahre. Sie sang damals Donizettis Lucia di Lammermoor, eine Rolle, die sie immer wieder verkörpert hat. Aber am berühmtesten ist wohl doch jene Sternstunde der Belcanto- und Koloratur-Kunst geworden, die Maria Callas in Berlin ihren Hörern schenkte.

Damals, in Berlin, lagen Deutschlands Gesangsfans der Callas zu Füßen. Sie wurde wie eine Göttin verehrt, ihr Selbstbewußtsein wuchs dann auch bis zur Gott-Ähnlichkeit.

Übrigens, bei den zahllosen Skandalen, die ihren Weg säumten, war sie keineswegs immer völlig im Unrecht. Sie reagierte eben nur immer übermäßig, kompromißlos, wie eine Tigerin im Kampf um Selbstverwirklichung und Kunst.

Der Gatte einer betagten Sopranistin, für welche die junge Maria Callas einspringen sollte, wollte ihr den Zutritt zum Bühneneingang streitig machen. Dem zerkratzte sie mit ihren Fingernägeln das Gesicht.

Ein doofer Opernchef, der ihr noch Gage schuldig war,

faselte: »Zu allem Ruhm wollen Sie auch noch Geld?« – daraufhin ergriff sie ein Tintenfaß, um es dem Intendanten mit voller Kraft ins Gesicht zu werfen. (Das Büro-Personal verhinderte Allerschlimmstes.)

Höhepunkt – oder Tiefpunkt – ihrer Skandale: der 2. Januar 1958 in Rom. Sie sollte ihre Norma singen. Vor einem Gala-Publikum und dem italienischen Staatspräsidenten. Und dann war sie, vielleicht wegen einer ausgedehnten Silvester-Feier, gar nicht bei Stimme. Verließ nach dem ersten Akt mit unbekanntem Ziel das Opernhaus. Das Echo dieses sehr jähen Verstummens rauschte um die Welt. Italien fühlte sich, als Kunstnation und in der Person seines höchsten Staatsmannes, gedemütigt. Viel Porzellan ging kaputt, Ehescheidungen waren zu beklagen. Nicht nur, daß der Präsident Gronchi also bereits nach dem ersten Akt heimfahren mußte und seinen Chauffeur – der deshalb fristlos entlassen wurde – nicht im Wagen fand: der war ins Kino gegangen. Italiener wissen, wie lange Opern dauern. Ehemänner wiederum, um Mitternacht gelöst heimkehrend, berichteten ihren Gattinnen, wie herrlich die Callas die lange Oper bewältigt habe. Aber am nächsten Tag stand in jeder Zeitung, daß alles sehr früh zu Ende gewesen sei. Wo waren die Herren währenddessen gewesen?

Spätestens nach diesem Skandal war Maria Callas der meistgenannte, meistbespöttelte Opernstar der Erde. Vorher hatten die Musikkritiker in Verona gelegentlich ungalant ihre Beine mit denen von Elefanten verglichen, worüber die dicke Maria tagelang heulte, begreiflicherweise. Aber dann schaffte sie es, abzunehmen. Man grinste auch über ihren ältlichen Ehemann und Förderer Meneghini, der ihre Karriere allzu geschäftstüchtig organisierte. Dieser etwas provinzielle Italiener besaß eine Ziegelei. Er sei also »steinreich«, nämlich reich an Ziegel-Steinen.

Genauer über die Grenzen des Vermögens von Herrn Meneghini nachzudenken begann die ganze Welt (oder Halb-Welt), als Maria Callas mit dem Geschäftsmann, Milliardär und Reederei-Besitzer Aristoteles Onassis Freundschaft schloß. Beide waren verheiratet. Beide waren weltberühmt. Zunächst spöttelten die Journalisten, es sei nur Rederei, daß die Callas doch in die »Reederei« einheiraten werde. Aber dann gab es was zu photographieren.

Über kein Schiff ist zu Beginn der sechziger Jahre auch nur annähernd soviel publiziert worden wie über die Luxus-Yacht »Christina«, ein teures Spielzeug des Herrn Onassis. 42 Funktelephone standen den beneidenswerten Gästen zur Verfügung; mehrere Küchen mit französischen und griechischen Chefköchen sorgten fürs leibliche Wohl; in den Badezimmern glänzte es von Marmor und Gold.

Und als dann, trotz Herrn Meneghinis unverhohlenem Mißmut, der Herr Onassis mit seiner Gattin, die Callas mit ihrem lieben Mann – flankiert von ein paar nicht unwürdigen Gästen wie dem alten Winston Churchill oder dem Fiat-Chef Agnelli – auf Kreuzfahrt gingen, da hatte die Weltpresse ein Thema. Der Patriarch des Klosters von Athos – also des heiligen Berges der griechisch-orthodoxen Kirche – war so beeindruckt, daß er den Geschäftsmann und die Sopranistin wie ein Paar segnete: »Die größte Sängerin der Welt und der größte Seemann der modernen Welt, der neue Odysseus« – sprach der Patriarch.

Es war also Liebe. Und es wurde der Anfang vom Ende der Kunst, ja des Daseins der Maria Callas. Geschieden von Herrn Meneghini, zum erstenmal wirklich passioniert in einen Menschen verliebt, sang sie zunächst viel seltener. Doch als dieser Mann, statt sie zu heiraten, sich ein paar Jahre später für die Gattin des ermordeten Präsidenten der Vereinigten Staaten interessierte – da litt Maria Callas entsetzlich. Ihre Kraft kam nie wieder. Daß sie auch mit der Mutter brutal verstritten blieb – woraus die Mutter (die von der Tochter wenig hatte, auch wenig Geld) sogar ein Buch machte –, schadete ihr sehr.

In ihrem Leben hatten große Dirigenten und Regisseure eine Rolle gespielt: vor allem Tullio Serafin, Herbert von Karajan, dazu der Regisseur Luchino Visconti. Später, nachdem Onassis sie verlassen hatte, kam immerhin Pasolini. Er drehte einen »Medea«-Sprechfilm mit der von ihm heftig verehrten Callas. Ganz konnte er Kunstgewerbe-Pathos dabei nicht verhindern. Pasolini widmete seiner Angebeteten sogar Gedichte.

In Oscar Wildes Roman *Das Bildnis des Dorian Gray* begegnen wir einer jungen, unbekannten Schauspielerin, die auf der Bühne wunderbar die Liebe darzustellen vermag. Aber dann verliebt sich die Künstlerin in Wirklichkeit. Nun kann sie auf den Brettern Liebe kaum mehr spielen. So war es auch bei Maria Callas. Nach der leidenschaftlichen Beziehung und Enttäuschung wegen des Herrn Onassis, der Maria zum Schluß doch nicht heiraten wollte, der keine Familie wollte und keine Kinder, hörte sie allmählich auf, leidenschaftliche, singende Künstlerin zu sein...

Gewiß, nicht nur Onassis war »schuld«. Wer so berühmt ist wie die Callas, für den wird jeder Auftritt immer schwerer. Solche Anforderungen strapazieren auch die stärksten Nerven. Zu alledem kam die hysterische öffentliche Neugier, der Spott über die reiche, berühmte, extravagante Frau, die ihre Mutter nicht liebte. Eine seltsame Allensbach-Umfrage ergab damals, daß jeder dritte Bundesbürger die Callas »nicht leiden« konnte! So wurde es für sie immer heikler, stets die Allerberühmteste, die Allerbeste, eine siegreiche Göttin sein zu müssen. Auch daran kann man zugrundegehen.

Maria Callas wehrte sich gegen ihr Schicksal, gegen den Verfall ihrer Stimme. Sie gab Gesangsstunden. Sie bestritt Arien-Abende, die mit Orchesterzwischenspielen in die Länge gezogen wurden, damit die Künstlerin nicht allzuviel geben müsse. Sie inszenierte sogar – und blamierte sich dabei.

Bis zum Ende ihres Lebens war sie eine steinreiche Primadonna. Sie ertrug weltweite Bewunderung, weltweites Mitleid, weltweiten Spott und starb 53jährig. Ihr Tod hatte begonnen, als die Stimme es ihr nicht mehr erlaubte, ein Genie des dramatischen Ausdrucks auch mit musikalischen Mitteln zu sein.

Pablo Casals

»Mit dem Cello«, so spottete der unvergessene und wunderbar musikalische Musikkritiker Alexander Berrsche in seinem Buch ›Trösterin Musica‹, »mit dem Cello ist es eine eigene Sache. Dieses Instrument teilt mit dem Klavier die Eigentümlichkeit, daß seine klanglichen Probleme viel schwieriger sind als das rein Manuelle, also das rein Handwerkliche. Die meisten Cellisten kompromittieren ihr Instrument... Wie klingt das Cello gewöhnlich? Es klingt so, daß man sich nach der Gambe sehnt und mit dem Cello seine Wohnung heizen möchte. In der Tiefe und Mittellage wuchert und quillt das Schmalz eines provinzialen Männergesangvereins, in der Höhe herrscht der gepreßte Knätschton und die Unreinheit. Ungefähr mit dem zweigestrichenen C beginnt eine Region unfreiwilligen Humors, und es tut einem weh, eingestehen zu müssen, daß es sehr guten Musikern ihr Leben lang nicht gelingen will, aus dieser Sphäre ehrwürdiger Lächerlichkeit herauszukommen...«

Soweit Alexander Berrsche über die Schrecknisse unkompetenten Cello-Spiels – und erfahrene Konzertbesucher wissen aus bitteren und lästigen Erfahrungen, wie fürchterlich im Recht Berrsche ist. Aber eben doch nicht ganz. Denn es hat ein Künstler gelebt, 96 Jahre lang gelebt, von

1876 bis 1972, der Wesen und Würde des Cellos zu retten und zu befestigen wußte. Das war der Spanier Pablo Casals. Er galt nicht nur als größter Cellist seiner Zeit, sondern viele hielten ihn sogar für den bedeutendsten Solisten – alle Geiger, Pianisten, Bläser eingeschlossen – seiner Epoche. Er gab jahrzehntelang 150 bis 200 Konzerte im Jahr. Sein Vater war Organist gewesen, hatte ihm den ersten Unterricht erteilt. Der Junge spielte in Tanzsälen und Cafés. Wurde dann von Albeniz entdeckt, entdeckte für sich in irgendeinem Notenhaufen die damals nur als Studien-Werke geltenden Solo-Suiten von Johann Sebastian Bach – und machte so beispiellos Karriere, daß er später seine Einzigartigkeit in eine politische Waffe umformen konnte. Wäre er nur ein guter oder erstklassiger Cellist gewesen, dann hätten seine politischen Proteste wenig bedeutet. Aber Casals war Begriff höchsten Künstlertums, und darum bedeutete es eben etwas, daß er – ein Feind aller Diktaturen – nach dem Machtantritt des Kommunismus die Sowjet-Union mied, daß er Mussolinis Italien boykottierte, Hitler-Deutschland und vor allem: sein Franco-Spanien! 1939 ließ sich der berühmte Mann – Furtwängler sagte einmal, wer Casals nicht gehört hat, weiß nicht, wie ein Streichinstrument klingen kann –, 1939 ließ sich der berühmte Mann in der kleinen französischen Pyrenäenstadt Prades nieder, machte keinerlei Konzertreisen mehr, versuchte, Hilfsaktionen für Spanien-Flüchtlinge zu organisieren.

Wer Casals damals spielen, Kammermusik machen, dirigieren hören wollte, der mußte also nach Prades fahren. Die kleine Dorfkirche wurde zum Wallfahrtsort für Casals-Gläubige: Isaac Stern, Clara Haskil, Rudolf Serkin, Yehudi Menuhin, Julius Katchen und viele andere eilten dorthin, um in einer kleinen Kirche, von Casals inspiriert, nicht etwa den spanischen Cellisten zu feiern – sondern den Geist großer Musik, der sich nicht verkauft und nicht bei den Mächtigen anbiedert. Als Thomas Mann nach seiner Meinung über Casals gefragt wurde, antwortete er: »Das ist keine Meinung, das ist tiefste Ehrerbietung und eine Bewunderung, die etwas von Jubel hat, angesichts eines menschlichen Phänomens, in welchem ein hinreißendes Künstlertum sich mit entschiedenster Verweigerung jedes Zugeständnisses an das Böse, an das moralisch Miserable und die Gerechtigkeit Beleidigende verbindet, die geradezu unseren Begriff vom Künstler läutert... Hier ist keine Spur von... von jener Bereitschaft zur Prostitution, die so oft das liebe Künstlertum charakterisiert und die spricht: ›Ich spiele jedem auf, der mich bezahlt‹... Ein Ehrenretter der Menschheit. Mit Freuden bekenne ich, daß sein Dasein mir, wie Tausenden, ein Labsal ist.«

Was für Worte über einen Künstler, dessen einzige Waffe sein Cello war! Freilich: wie wußte er diese Waffe zu gebrauchen! Seine technische Unfehlbarkeit – nur ein einziger falscher Ton wird auf den vielen, vielen Casals-Platten von den Pedanten unter seinen Fans nachgewiesen, sonst gelang ihm wirklich alles! – war stupend und entmutigend für solche, die auch gern Cello gespielt hätten. Die Frische seines Tons, die sich – später im Alter – zu erhaben lispelnder Zartheit, Geisterhaftigkeit verklärte, die Selbständigkeit seiner Auffassung, die natürliche Originalität seines Verstehens und Belebens: Alles das war selbstverständliche Voraussetzung für diesen Meister, dem später Hunderte von Cellisten Ehrenkonzerte gaben (wie seltsam solche Cello-Anhäufungen auch geklungen haben mögen).

Kein Wunder, daß er zum Mythos wurde während der letzten Jahrzehnte seines Lebens. Da er eine lange Zeit keine Konzerteinladungen mehr annahm, haben ihn die deutschen Musikfreunde, die Casals nicht bereits in den zwanziger Jahren erlebten, nach 1945 kaum mehr hören können: es sei denn, sie pilgerten nach Prades oder Puerto Rico, wo Casals hochinteressante Kurse veranstaltete. Oder sie durften nach Bonn.

Denn im Namen Beethovens machte Casals glücklicherweise eine Ausnahme, als er 1958 für die »Freunde des Bonner Beethoven-Hauses« ein Konzert gab, das – Casals war da pedantisch – eben kein eigentliches Konzert war, sondern die Aufführung zweier Beethoven-Sonaten vor geladenen Gästen.

Als ich ihn sah, den 82jährigen, erschrak ich über etwas, worüber man ja häufig erschrickt, wenn man Menschen, die man bislang nur von Bildern oder aus Filmen, Pressephotos kennt, plötzlich leibhaftig erblickt. Ich hatte nicht gewußt, wie ungemein klein Casals war. Alle lächelten, denn das Cello schien plötzlich Riesen-Dimensionen anzunehmen. Fast stand zu fürchten, es könne den schmächtigen Greis erschlagen, oder er würde womöglich hineinfallen. Wie so manche kleinen Genies, die es sich leisten können, umgab sich Casals offenbar bewußt mit kleinen Trabanten. Von Picasso weiß man ja, daß er in seiner Nähe auch nur ungern Riesen duldete. Der Pianist, Mieczyslav Horszowsky, den Casals bei sich hatte, die verehrungsvolle Suite, die ihm folgte: es war kein baumlanger Finne, kein riesiger Germane darunter.

Dann spielte er. Knurrte mit, kümmerte sich den Teufel um feinsinnige Sterilität. Der sogenannte »schöne« Ton kann bei Cellisten musikalisch von Nachteil sein, eine Art Kitsch. Casals stand durchaus Kantabilität zu Gebote, die er in Beethovens früher Cello-Sonate, wo sie hingehört, zwingend ausspielte. Aber im langsamen Satz der späten D-Dur-Sonate Beethovens zeigte er, was das ist: transästhetische Spiritualität. Das Konzert liegt nun schon Jahrzehnte zurück, aber wenn ich mich an die gleichsam heisere und doch keineswegs häßliche Innigkeit erinnere (oder sie mit Hilfe von Platten vergegenwärtige), mit der

Casals dieses Adagio des alten Beethoven anstimmte, welches er in einem Kurs als »funeral march«, als »Trauermarsch« definierte, dann wiederholt sich der Schock der Ergriffenheit, wie er damals in Bonn entstand, über das Spiel und auch das Stöhnen des genialen kleinen Mannes, der Beethovens erhabene Ferne geisterbleich zu beschwören verstand. Casals Spiel, als er über achtzig war, hatte etwas von einem erhabenen Flüstern...

Casals kam aus anderen Zeiten. Als er 1961 im Weißen Haus für John F. Kennedy ein Ehrenkonzert gab, weil die Kennedy-Administration Wert darauf legte, auch kulturell etwas darzustellen, da erinnerte eine uralte Kongreßdame den hochbetagten Cellisten, sie sei 1904 dabei gewesen, als Casals, knapp sechzig Jahre zuvor, bereits für den Präsidenten Theodore Roosevelt in eben demselben Weißen Haus gespielt habe.

Jäh, wie sein Eintritt in die musikalische Welt, war auch sein Eintritt in das musikalische Werk. Zur Kennmarke wurden die »Casals-Auftakte«, die herrisch und mit impulsiver Kraft den Gedanken verdrängten, daß neben dem gerade anhebenden musikalischen Geschehen noch irgend etwas anderes von Wichtigkeit sein könnte.

Für die Entwicklung der Cello-Technik, für die Wiederentdeckung und Neu-Bewertung der Solo-Suiten von Bach wie auch der hohen festlichen Moral großer Musik bedeutete Casals' Existenz Unermeßliches. Er machte, in jungen Jahren, aus dem Cello-Spiel eine expressive, stürmische, aggressive Kunst.

Bereits als Knabe beeindruckte er alle Hörer. Er selbst hat mitgeteilt, sein früh verstorbener Bruder sei noch viel begabter gewesen als er. Als er sich, 20 Jahre alt, in der berühmten Streicher-Klasse zu Brüssel vorstellte, geschah folgendes. Casals hat es faszinierend erzählt:

»Ich setzte mich ganz nach hinten und hörte zu, wie die anderen spielten. Ich muß gestehen, sie beeindruckten mich nicht übermäßig; meine Nervosität schwand zusehends. Als die Unterrichtsstunde vorüber war, winkte mich der Professor zu sich her – er hatte meine Anwesenheit bisher offenbar überhaupt nicht zur Kenntnis genommen – und sagte: ›So, Sie sind also der kleine Spanier, von dem der Direktor mir erzählt hat?‹ Der Ton gefiel mir gar nicht. Ich sagte, ja, der sei ich. ›Nun, kleiner Spanier‹, sagte er, ›allem Anschein nach spielen Sie auch Cello. Wollen Sie etwas vorspielen?‹ Ja, sagte ich, das würde ich gern tun. ›Und was haben Sie uns anzubieten?‹ Eine ganze Menge, sagte ich. Er leierte eine Anzahl von Stücken herunter und fragte mich jedesmal, ob ich das Stück schon gespielt habe, das er gerade genannt habe, und jedesmal sagte ich: ›Ja‹ – ich konnte die Stücke ja wirklich. Da wandte er sich der Klasse zu und sagte: ›Nun, wer hätte das gedacht! Unser junger Spanier scheint so ziemlich alles zu können. Er ist sicher ein ganz erstaunlicher Spieler.‹ Die Studenten lachten. Bisher hatten mich die Manieren des Professors verwirrt – es war schließlich erst der zweite Tag, den ich im Ausland verbrachte –, nun aber geriet ich in Wut. Der Mann wollte mich lächerlich machen. Ich sagte nichts. ›Nun‹, sagte er, ›vielleicht erweisen Sie uns die Ehre, das Souvenir de Spa vorzutragen.‹ Das war ein oberflächlicher Schmarren. Ich sagte, gut, ich würde es spielen... Wieder brachen die Schüler in Gelächter aus. Ich war so zornig, daß ich um ein Haar alles hingeworfen hätte und davongelaufen wäre. Aber ich dachte, paß du nur auf; ob du willst oder nicht, du wirst mir zuhören. Ich schnappte mir vom nächsten Studenten ein Cello und fing an zu spielen. Es wurde still im Saal. Als ich geendet hatte, hätte man eine Stecknadel fallen hören. Der Professor starrte mich an, sein Gesicht hatte einen merkwürdigen Ausdruck. ›Würden Sie bitte mit mir auf mein Zimmer kommen?‹ sagte er. Er sprach nun in ganz anderem Ton als vorher. Wir verließen zusammen den Klassenraum;

die Studenten rührten sich nicht. ›Junger Mann‹, sagte der Professor, ›ich kann Ihnen eröffnen, daß Sie hochtalentiert sind…‹ Ich brachte fast kein Wort über die Lippen, so wütend war ich. Ich sagte ihm: ›Mein Herr, Sie haben sich mir gegenüber ungehörig benommen und mich vor all ihren Schülern lächerlich gemacht. Keine Sekunde länger bleibe ich hier! Sie sind kein Künstler.‹ Der Professor erhob sich, weiß im Gesicht, und hielt mir die Tür auf.« So war Casals. So spanisch stolz. Gunst und Schmeichelei, die er leicht hätte ausnutzen können, berührten ihn nicht. Vielleicht war er manchmal zu stolz. Arthur Rubinstein zum Beispiel mochte Casals nicht. Die beiden hatten gestritten. Casals hatte Rubinstein zum gemeinsamen Konzertieren gebeten. Ein Honorar hatte es nicht gegeben, irgendeine Unstimmigkeit, ein Mißverständnis sogar wegen der Bezahlung des Hotelzimmers. Rubinstein lieh sich 10 Pfund von Casals, die er für verdient hielt.
Lange Zeit später lud man Casals in ein gräfliches Haus ein, wo Rubinstein zu Gast war. Aber Casals weigerte sich, das Haus zu betreten, es beherberge leider einen Menschen, mit dem er, Casals, unmöglich zusammenkommen könne. Casals' Argument gegen Rubinstein: »Freunde, die ihre Schulden nicht bezahlen, sind keine Freunde.« Rubinstein war erleichtert. Und statt der 10 Pfund, die er sich geliehen hatte, schickte er Casals 15 zurück. Darauf erhielt er keine Antwort; fünf Wochen später einen Briefumschlag von Casals mit der Bemerkung: »Bei der Überprüfung meiner Einnahmen ergibt sich, daß Sie mir 5 Pfund zuviel zurückgezahlt haben, die ich hiermit retourniere.«
Rubinstein, ich habe es selbst erlebt, schimpfte noch als steinalter Herr wütend auf den humorlosen Moralisten Casals. Der sprühende Pole, der strenge Spanier, diese beiden großen Künstler paßten wirklich schlecht zusammen. Übrigens hatte wohl auch Casals' Moralität einmal

eine Grenze gehabt. Menuhin berichtet, er habe zusammen mit Casals und dem von ihnen beiden so geliebten Furtwängler nach 1945 das Brahmssche Doppelkonzert aufführen wollen. Casals hätte zugesagt, aber dann kam doch immer was dazwischen. Und es zeigte sich, Casals wollte nicht. Er traute sich nicht. Es hätte ihm bei den verbitterten Emigranten und Juden in New York zu sehr geschadet, wenn er mit dem in Amerika verhaßten Furtwängler zusammen irgendwo aufgetreten wäre. Ein Glück, daß dieses moralische Genie auch gewisse Schwächen hatte – wenn die Sache sich wirklich so zutrug, wie Menuhin berichtet.

Zu der Zeit der großen Triumphe von Casals zwischen 1910 und 1940 gab es keine Langspielplatten. Da existierten nur die Schellack-Platten, die in rascher Umdrehung liefen und immer nur höchstens sechs Minuten lang auf einer Seite bespielbar waren. Große Werke, Opern und lange Kammermusikstücke, wurden darum selten aufgenommen. Ein Stück, das 45 Minuten dauerte, füllte dicke Platten-Alben. Es war etwas ganz Besonderes.

So erinnere ich mich noch heute daran, wie ich in den dreißiger Jahren unseres Jahrhunderts zum erstenmal einer Casals-Aufnahme begegnete – sie im Familienkreis hörte –, die allerdings immer noch legendären Ruhm und Ruf genießt. Zusammen mit dem Pianisten Alfred Cortot und dem Geiger Jacques Thibaud bildete Casals ein berühmtes Klaviertrio. Dieses Trio nahm in London – Juli 1926 – Schuberts großes B-Dur-Klaviertrio auf. Wie gesagt: 1926. Das Zusammenspiel war unvergleichlich homogen. Wenn das Seitenthema beginnt und Casals eine wunderbare Schubert-Eingebung wunderbar aufblühen läßt, dann schwinden die Jahrzehnte dahin – und es ist keine Frage mehr, welcher Instrumentalist am schönsten gesungen habe im ganzen Land. Casals' Kunst besiegte die Welt. Enthusiastische Berichte existieren. So erzählt

71

etwa der Dramatiker Julius Hay, wie sein Vater, ein tüchtiger Cellist, einst im Konzert einen »kleinen Spanier« spielen hörte und danach sein Instrument in die Ecke stellte. Kein Dirigent, der nicht in tiefster Ehrfurcht von Casals gesprochen hätte. Kein Cellist, der nicht Casals-Schüler oder wenigstens Schüler eines Casals-Schülers hätte sein wollen. Casals drängte über den bürgerlichen Rahmen der Konzert-Kultur hinaus. Sowohl politisch wie auch sozial. Er gründete bereits 1928 in Barcelona eine Arbeiter-Konzertvereinigung und dirigierte für diese zu genau derselben Zeit, als Bertolt Brecht die Berliner Arbeiter zum Mitmachen bei seinen »Lehrstücken« aufforderte.

Nach 1945 war Casals, wie gesagt, ein Mythos. Als der Pianist Alfred Cortot seinen alten Kammermusikpartner Casals besuchte und sich ein wenig herausreden wollte, schnitt Casals dem unglückseligen Meisterpianisten das Wort ab. Da brach es aus Cortot heraus: »Es ist wahr, Pablo, ich war ein Kollaborateur, ich habe für die Deutschen gearbeitet. Und ich schäme mich dessen… Ich bin gekommen, dich um Vergebung zu bitten.« Weil Cortot ihm die Wahrheit sagte – verzieh Casals!

Moral, Kunst und Leben schienen für ihn untrennbar. In einem öffentlichen Kurs spielte eine junge Dame Casals die Sarabande aus Bachs c-Moll-Suite vor. Casals war ein vollkommen bestimmter und pädagogisch glänzender Lehrer, der mit rapider Sicherheit Fähigkeit und Grenzen jedes Schülers erkannte und allen sogleich die ganze hilfreiche Wahrheit sagte. Als nun die junge Dame begabt, aber ein bißchen leichtfertig wohl, ihren Bach herunterspielte, da fuhr der Casals sie flammend, fast empört, wie ein alter Vogel oder ein alter Tolstoi, an: »So geht das nicht. Für diese Musik muß man sauber sein!« Er machte eine Pause. Fügte hinzu: »Und sauber leben.« Dann nahm er das Cello, spielte die Sarabande selber und blickte die junge Dame an. Nicht, um sie zu beschämen, sondern um sie an den Wert und die Wahrhaftigkeit von großer Kunst beschwörend zu erinnern.

Wilhelm Furtwängler

Er war nicht geschickt, aber groß. Er war kein eleganter Pult-Star, aber er dirigierte gewaltiger, mitreißender und philosophischer als jeder andere – so empfand es seine ihm lebenslänglich ergebene Gemeinde, so empfanden es auch zahlreiche bedeutende Musiker, etwa der Komponist Paul Hindemith oder der Cellist Pablo Casals.
Dieser tiefsinnige Musik-Visionär machte erstaunlich rasch Karriere. Freilich nur als Dirigent, was er als wohlverdiente Selbstverständlichkeit hinnahm. Kaum als Komponist, was ihn zeitlebens heftig schmerzte, zumal der Vielgerühmte unter jedem noch so winzigen, entlegenen Tadel ganz fürchterlich litt. Er wollte stets gelobt und geliebt sein.
Mit 36 Jahren wurde Furtwängler – in Leipzig bei dem traditionsreichen Gewandhaus-Orchester und in Berlin bei den relativ jungen »Philharmonikern« – Nachfolger des damals tonangebenden Star-Dirigenten Arthur Nikisch, der als Siebenundsechzigjähriger gestorben war. Es spricht eigentlich sehr für die Kulturpolitiker der Zeit nach dem Ersten Weltkrieg, daß sie es wagten, 1922 einen jungen, so beängstigend genialischen und exzentrischen Dirigenten mit den wichtigsten Positionen zu betrauen, die es im deutschen Musikleben der zwanziger Jahre gab.

Über dreißig Jahre lang ist Furtwängler dann Deutschlands berühmtester Dirigent gewesen. Er starb am 30. November 1954 68jährig in einer Klinik in Baden-Baden. Seine Gattin, Elisabeth Furtwängler, die ein schönes und zurückhaltendes Erinnerungsbuch »Über Wilhelm Furtwängler« geschrieben hat, teilt mit, wie unmäßig anstrengende Dirigenten-Jahre Furtwängler damals hinter sich hatte. Und sie deutet an, daß Furtwängler entschlossen und gern gestorben sei. Die Ärzte wußten: wenn ein Patient, der an Broncho-Pneumonie erkrankt ist und der ein gesundes Herz besitzt, mit aller Kraft überleben will, dann kann er es schaffen. Dann hat die Medizin eine Chance. Wenn der Patient aber nicht mehr weiterleben möchte, wenn er seinen Frieden mit der Welt und sich gemacht hat, wenn er sich in den Tod ergibt – dann wird er sterben. So starb Deutschlands damals berühmtester, Deutschlands damals schwärmerisch verehrter, aber auch meistumstrittener Dirigent, indem er den Tod annahm.

Vielleicht mochte er auch deshalb nicht weiterleben, weil sein Gehör so schlecht geworden war und weil er technische Hilfsmittel haßte, so wie einst Goethe keine Brillen und keine Mikroskope benutzen wollte. Das Haus Siemens hatte Furtwängler ja sogar ein Hörgerät konstruiert und geschenkt, berichtete Herr von Siemens. Den Technikern war es eine Ehre gewesen, diesem großen Dirigenten ein perfektes Hörgerät zur Verfügung zu stellen. Doch in schmerzlich wildem Zorn warf Furtwängler das teure Ding auf die Erde, wo es zerbarst – lieber wollte er schlecht oder fast gar nicht, als technisch hören.

Ich habe Furtwängler mehrfach dirigieren hören und sehen. In manchen Fällen hat es auch etwas für sich, älter zu sein und Dinge erlebt zu haben, die in solcher Weise später nicht und nie mehr zu erleben waren. Riesig, zitternd vor innerer Erregung, dabei gar nicht nervös, stand Furtwängler vor seinem Orchester: ein Jupiter mit kahlem Kopf, besessen von künstlerischem Ausdruckswillen. Er konnte Pausen machen, daß es einem den Atem nahm, daß einem der Herzschlag aussetzte, so spannend war es. Er konnte Steigerungen dirigieren, daß es unmöglich war, ruhig sitzen zu bleiben. Er fing immer groß und ohne Mätzchen beim Gegebenen an, wie jeder andere auch. Er hegte keine vorsätzlichen »Auffassungen«, betrieb keine Bedeutungshuberei. Aber jedesmal, und das wiederholt sich glücklicherweise auch beim Anhören der Platten, wenn man gerade zu denken begann: »So viel anders als die guten andern macht er's ja eigentlich auch nicht« – dann wurde, klang und wirkte doch alles auf gewaltige Weise anders, neu, faszinierend. Denn Furtwängler war erfüllt von der symphonischen Idee des Ganzen – er wollte immer die geistige, also nicht bloß die physische, sondern wahrhaft die meta-physische Gestalt der Musik ausdrücken und nie bloß die Schönheit irgendwelcher einzelnen Stellen oder Melodien. Ich habe, damals 22 Jahre alt, erlebt, wie er in Bayreuth Beethovens IX. Symphonie probte und aufführte. Ich sah ihn durchs Festspielhaus gehen – aber niemals hätte ich gewagt, ihn anzusprechen. Junge Leute von heute sind da anders, unbefangener… Während eines falschen Bratschen-Einsatzes in der Probe zu Beginn des Adagios – den Bratschisten hatte Furtwänglers Weihe offenbar den Atem verschlagen, den Sinn verwirrt – knirschte er zitternd bleich vor Wut zwischen den Zähnen: »Das geht nicht.« Und dann ging es wunderbar. Ich werde nie vergessen, wie er Brahms' zweite und vierte Symphonie, wie er Beethovens »Eroica« und Mozarts »Don Giovanni« dirigiert hat. Meine jugendliche Bewunderung begann, ich verfiel dem Künstler bei vollem Bewußtsein, als er – während des Zweiten Weltkrieges in Berlin, bei den propagandistisch so genannten »Berliner Kunstwochen« im Juni 1942 –

mit Alfred Cortot das Klavierkonzert von Schumann poetisch und strahlend nach-dichtete.

Ein beängstigender, unheimlicher Mann. Toscanini nahm kein Blatt vor den Mund, nannte ihn: »Genialer Dilettant«. Letzteres sicherlich wegen Furtwänglers seltsamer Schlagtechnik. Furtwängler gab keine exakten Einsätze, obwohl, alles in allem, bei ihm wahrlich nicht unexakt eingesetzt wurde. Doch wie verlief das? Der Riese versank irgendwie in sich. Die erhobenen Hände zitterten, gingen langsam herunter, unentschieden, es schienen die beschwörenden Zeichen eines Entrückten.

Und dazu mußten die Philharmoniker dann irgendwie »einsetzen«, »kommen«, »da-sein«. Wie machten sie das? Denn sie taten es doch, und zwar tief beeindruckend.

Hunderte von keineswegs nur gutmütigen Musikerwitzen über Furtwänglers Schlagtechnik kursieren. Wir setzten ein, wenn er mit den Händen beim dritten Knopf der Frackweste angekommen war. Wir setzten ein, wenn der Konzertmeister eine ausholende Bewegung machte. Wir setzten ein, wenn wir das Gefühl hatten, nicht mehr länger warten zu können... Karajan, von mir befragt, was er für ein besonderes Furtwängler-Charakteristikum halte, sagte, die schöpferische Unentschiedenheit Furtwänglers habe ihm immer zu denken gegeben. Furtwängler fiel die Entscheidung sichtbar schwer, ob er nun anfangen sollte oder nicht. »Corragio, Maestro!« schrie ihm ein wohlmeinender, hilfsbereiter italienischer Fan zu, als Furtwängler so umständlich un-couragiert mit sich und seinem Genius um den Einsatz rang. Wenn Furtwängler später als sechzigjähriger Künstler die überfeurigen Bewegungen jüngerer Dirigenten freundlich verspottete, dann hat er dabei wahrscheinlich nicht bloß etwa an den damals ungeheuer exzentrischen jungen Sergiu Celibidache gedacht, der gern Furtwänglers Nachfolger ge-

worden wäre, bis sich das Orchester aber für Karajan ent-
schied –, sondern mit den übereifrigen Jüngeren meinte
der alte Furtwängler natürlich auch sich selbst, die eigene
Jugend, die eigenen Anfänge. Gewiß nicht gerade, daß er
einst die »Lustige Witwe« als Zwanzigjähriger in Zürich
mit einem Eifer einstudiert hatte, als ginge es um die
»Götterdämmerung«, danach aber, bei der dritten Aufführung, gedankenabwesend, weiterzudirigieren vergaß,
weil er, von der Operette zum Sterben gelangweilt, was
Philosophisches las oder auch nur meditierend schlief.
Der Komiker, der trotz heftigen Zischens und Gestikulie-
rens vom jungen Dirigenten keinerlei Einsatz bekam, verließ mit den Worten »Na, dann eben nicht« die Bühne,
und der Intendant hat begreiflicherweise nach der Vorstellung väterlich mit seinem jungen Kapellmeister geha-
dert.
Von Zürich war der 1886 geborene junge Mann nach
Straßburg gekommen, wo Hans Pfitzner die Oper leitete.
(Oft führte Furtwängler späterhin Pfitznersche Werke
auf.) Und von Straßburg ging Furtwängler dann nach Lü-
beck, von wo man ihn nach Mannheim holte. Aus Mannheim gelang dem 36jährigen dann der Sprung nach Berlin
zu den Philharmonikern und nach Leipzig zum Gewand-
hausorchester, als Nachfolger Arthur Nikischs.
Einmal baten ihn seine Mannen, er möge doch, weil es
sonst so schwer wäre, einen gewissen Einsatz unmißver-
ständlich exakt geben, »herunterschlagen«, wie man
sagt. Furtwängler tat das. Alle waren präzise »da«. Wie
es ihm denn gefallen habe, fragten sie ihn stolz. Seine
Antwort: »Überhaupt nicht. Es klang so scheußlich
direkt.«
Er hielt sich selber mehr für einen Komponisten als für einen Dirigenten. Da irrte er gewiß. Aber sein komponie-
render Ehrgeiz wurde fruchtbar, weil er die Musik der
großen Meister eben nicht bloß »spielte«, sondern beim

Dirigieren gleichsam nachkomponierte. So traf er manchmal den Herzton: wenn er im Trauermarsch aus Beethovens »Eroica«-Symphonie die Posaunen des Jüngsten Gerichtes erschreckend drohen ließ. Wenn er Beethovens IX. Symphonie zur Urgeschichte und zum Drama einer Menschheit steigerte. Wenn er bei Schubert, in der »Großen« C-Dur-Symphonie, Mysterien und den Ton der »Ferne« beschwor. Wenn er bei Bruckner vielgestaltig erfüllte Landschaften, riesige Melodie-Bögen und ein barockes Weltgefühl entdeckte. Wenn er bei Brahms, im Finale der ersten Symphonie, das Licht hinter der Nacht zum dramatischen Jubel-Finale steigerte. Im einzelnen beharrte er dabei – es gibt Probemitschnitte, die ihn als anspruchsvollen, ungeduldigen Orchester-Pädagogen vorführen – auf Genauigkeit und rhythmischer Korrektheit.

Der alte Furtwängler spöttelte: Besonders junge Kapellmeister glauben, die Musik würde sehr feurig, wenn sie selber sehr feurig sind. Zielscheibe solchen Spottes waren dabei nicht nur die anderen, sondern wiederum auch er selbst – als junger Künstler. »Die äußeren Manieren«, berichtet eine bewundernde Augenzeugin von Furtwänglers frühen Lübecker Jahren zwischen 1911 und 1915, »...sind allerdings noch unbeschreiblich komisch. Er schlägt mit seinen Armen wie eine Windmühle herum und verzieht sein Gesicht zu den grausigsten Grimassen... Einmal fuhr ihm, im Eifer des Gefechts, sogar die Zunge 10 cm lang heraus... Aber alles vergißt und vergibt man über das, was die Ohren zu hören bekommen...«

Der große Pianist Claudio Arrau, der Furtwängler bewundert wie keinen zweiten Künstler und Dirigenten und ihn auch als Debussy-Interpreten, als Meister französischer und russischer Musik hoch über alle stellt, Claudio Arrau hat auf die »Innenspannung« aufmerksam gemacht, die einem Akkord innewohnen müsse. Der dürfe nicht nur platt-genau angeschlagen werden: sondern er muß leben. Wenn Furtwängler die Coriolan-Ouvertüre Beethovens begann und steigerte, dann fühlte man förmlich die Energie, die »Gewalt«, die in der Überwindung der Stille und im »Einsatz« steckten. Der erste Ton ist bei Furtwängler eben nicht nur ein Peitschenknall. Sondern das Streicher-Unisono scheint, indem es erklingt, zu werden. Es ist nicht bloß, sondern es lebt – wobei es aber wahrlich nicht als ungenau auseinanderbröckelnde Oktave herauskommt. Vom Anfang an vibriert Coriolans tyrannische, stolze Macht und Unbeugsamkeit im Klang.

Furtwängler hat sich, wie vor ihm Richard Wagner, wie in ihrer Weise auch Beethoven und Mozart, stets als deutscher Patriot, als Exponent großer deutscher Kunst gefühlt. Natürlich dirigierte er auch den Franzosen Debussy und die Russen Tschaikowsky und Strawinsky mit Hingabe. Er hat übrigens, als junger Philharmoniker-Chef in Berlin, viel Strawinsky, Schönberg und Hindemith aufgeführt oder sogar uraufgeführt. Doch je länger, je mehr verstand er sich als Testamentsvollstrecker unserer klassischen und romantischen Meister. Furtwängler ist ein Endprodukt gehobenen und hochgebildeten deutschen Bürgertums gewesen. Er sah sich, spätestens seit seiner ersten großen Amerika-Tournee von 1925, als Vorposten der deutschen Kultur. Als solcher hätte er in der Nazizeit Hitlers und Goebbels' verhätschelter Wunder-Star sein können. Aber es kam komplizierter. Hitler soll geschimpft haben, für ihn sei der arrogante Furtwängler einer der unangenehmsten Zeitgenossen, die er kenne. Propaganda-Minister Goebbels schrieb gefährliche Leitartikel gegen ihn! Furtwängler versuchte, in Berlin auch zwischen 1933 und 1945 deutsche Kultur gegen völkische Barbarei durchzuhalten. Doch er entging der Verstrickung nicht. Er blieb ja in Deutschland, spielte unter Hitler. Große amerikanische Musiker, erbitterte Emigranten wandten sich darum von Furtwängler ab. Und der damals berühmteste Dirigent der Erde, nämlich Arturo Toscanini, nannte Furtwängler »Nazi«.

Furtwängler seinerseits – er führte sich nach 1945 weiß Gott nicht als Konjunktur-Demokrat auf und vor 1945 weiß Gott nicht als Nationalsozialist – wies verbittert darauf hin, er hätte mehr und deutlicher als irgendein anderer Künstler in führender Position der Kulturpolitik des Dritten Reiches widersprochen. Und zwar öffentlich widersprochen, nicht nur hinter vorgehaltener Hand. Im Selbstwertgefühl eines gebildeten, bürgerlichen Genies nahm Furtwängler an, es genüge, mutig und unpolitisch zu sein. Der Unpolitische habe eben nichts mit Politik zu tun. So als ob Politik sich nicht seiner doch bedienen könnte...

Furtwängler fühlte »deutsch« und »tragisch«. »In England und Amerika«, so urteilte er noch 1950 hochmütig, »ist man überhaupt nicht gewöhnt, das Sinfonische als Sinfonisches, das heißt, als großes Ganzes aufzufassen.« Damit hatte er – vergleicht man seine Interpretationen mit denen damals berühmter amerikanischer Dirigenten und Orchester – gar nicht so unrecht.

Als Inbegriff der deutschen Tradition feierte man ihn übrigens nicht nur in Deutschland, sondern auch in Frankreich, Italien und England – wo er 1937 während der Krönungs-Feierlichkeiten für König Georg VI. Beethovens IX. Symphonie und Wagners Tetralogie »Der Ring des Nibelungen« dirigierte.

In New York regierte Arturo Toscanini, Furtwänglers Antipode. Der junge Furtwängler analysierte einmal glänzend Toscaninis Dirigieren: das sei nur straff, laufe entweder auf Marsch oder auf Arie, Kantilene hinaus! Der alte Furtwängler befand vermeintlich-freundlich über Toscanini: »Das einzige, was ich an Toscanini bedenklich finde – es hat nichts mit seiner Person zu tun –,

81

ist, daß in Amerika die Menschen denken, daß Beethoven so klingen soll.« Toscanini freilich empfahl Furtwängler im Jahre 1936 als seinen Nachfolger in New York. Furtwängler, der in den 30er Jahren womöglich zunächst noch (naiv) geglaubt hatte, er könne »unpolitisch« die New Yorker Position mit seiner Berliner verbinden, nahm wegen einer amerikanischen Presse-Fehde und einer undurchschaubaren Telegramm-Intrige nicht an. Er blieb in Hitlers Deutschland.

Wir Deutschen empfanden es freilich als Segen, daß er blieb. In den schlimmen Jahren des Zweiten Weltkrieges wurde seine Kunst zum Trost, ja zum Lebenssinn für viele. Er versuchte, sich nicht zum Aushängeschild der Nazi-Kulturpolitik machen zu lassen und hatte damit zu 90 % Erfolg. Doch 10 % Kompromisse gab es eben auch.

Später, als er entnazifiziert wurde, sich als Märtyrer empfand, da äußerte er nach 1945 leider störrisch und wirklich nicht konjunktur-demokratisch ein paar deutschtümelnde Dinge, die verbiesterter, »reaktionärer« wirkten, als es sein Musizieren und seine mutige Haltung während der Hitler-Jahre gewesen waren. Im Alter wurden ihm die Zeit und die Entwicklung des modernen Komponierens immer fremder. Alles Technische und Mechanische ging ihm auf die Nerven. Schallplatten und Studio-Produktionen liebte er nicht.

Nach Amerika kam er nie mehr. Dafür dirigierte er in Europa viel, eröffnete auch die Bayreuther Festspiele von 1951, zu Toscaninis wütender Erbitterung. (»Nun hat er's doch geschafft«, fluchte der hochbetagte italienische Maestro.) Glücklicherweise traute Furtwängler auch der Schallplatte allmählich etwas mehr zu und machte Aufnahmen, denen eine kleine Unsterblichkeit sicher scheint. In den frühen 50er Jahren dirigierte Leonard Bernstein, Jahrgang 1919, in Holland. Tags darauf gab es dort ein

Konzert Furtwänglers. In Holland, das unter den Nazis gelitten hat, demonstrierten Entschlossene gegen Furtwängler, dem man vorhielt, was niemand Ansermet oder Beecham oder Strawinsky je vorwarf: nämlich im Dritten Reich dirigiert zu haben. Alte Geschichten, damals schlimm und aufwühlend. Die Kette der Demonstranten mochte Bernstein nicht durchbrechen. Aber er hatte wohl denselben Agenten wie Furtwängler, erinnert er sich. Und er wollte ihn, den Alten Großen, doch wenigstens einmal hören. Also schlich er durch den Hintereingang ins Konzerthaus und verbarg sich in einer Loge, damit man ihn, den damals bereits populären Amerikaner, nicht erkenne. Und er war gebannt, bis zum heutigen Tag, durch Furtwänglers Darbietung der ersten Symphonie von Brahms. Nach dem Konzert wäre er gern zum Gratulieren ins Künstlerzimmer geeilt. Aber der Agent riet ab. Damals wollte ja Amerika Furtwängler nicht einreisen und dirigieren lassen. Die beiden zusammen photographiert, das wäre ein Politikum gewesen, für den jungen Bernstein und seine Karriere ungünstig. Also nicht.

Später zeigte man Bernstein eine Tagebuch-Eintragung Furtwänglers, der sich lebenslang Aufzeichnungen gemacht hat. Da steht, so berichtet Bernstein, daß Furtwängler tags zuvor Bernsteins Konzert besucht habe, daß er von dem jungen Amerikaner begeistert gewesen sei! Daß er eigentlich zu ihm ins Künstlerzimmer hätte gehen wollen, dazu aber aus vielen, vielen Gründen, auch politischen, zu scheu war…

So sind sich die beiden genialen Musiker nie persönlich begegnet. Verfluchte Politik!

Seit Furtwänglers Tod im Jahre 1954 ist viel Zeit vergangen. Wilhelm Furtwängler – und nicht Toscanini – haben sich zahlreiche junge Meister (der Dirigent Claudio Abbado, der Pianist und Dirigent Daniel Barenboim, die Pianisten Alfred Brendel und Maurizio Pollini) zum Vorbild gewählt. Furtwängler-Clubs existieren überall, und sogar die New York Times bedenkt Furtwänglers Platten mittlerweile mit enthusiastischem Lob. Heute gehört dieser deutsche Musiker der ganzen Welt.

Gustaf Gründgens

Schon von dem Namen Gustaf Gründgens ging in den Jahren seines Ruhmes ein enormer Glanz aus, ein zwielichtiger, schillernder, aber so faszinierender Glanz, wie er sich seit Gründgens' Tod – der große Schauspieler starb unter abenteuerlichen und undurchsichtigen Begleitumständen während einer Ferienreise, die er zusammen mit einem Freund nach Manila unternommen hatte – mit dem Namen keines anderen deutschen Schauspielers oder Regisseurs mehr verband.

Ich lernte den Künstler Gustaf Gründgens 1952 kennen, als er in Düsseldorf das Schauspielhaus leitete. Später ging Gründgens nach Hamburg, wo er eine legendäre Zeit hatte, die aber alles in allem keineswegs besser, nur noch populärer, ruhmvoller war als die Düsseldorfer Ära.

Immer, wenn ich nach Frankfurt oder Düsseldorf fuhr, um eine Gründgens-Premiere zu erleben, geschah in damaligen Expreß-Zügen dasselbe: wildfremde Damen oder gar nicht so schrecklich musisch dreinblickende Herren gaben Bekundungen innigen Neides von sich, wenn sie hörten, man sei auf dem Wege zu Gründgens ins Theater. Nicht nur die Fachleute, die Schöngeister, die Schauspielfreunde wußten damals von Gründgens und verehrten ihn – auch den ganz normalen Zeitgenossen ist er ein Begriff gewesen.

Wenn er auftrat, und er spielte viel, war immer alles ausverkauft. Falls er einmal, so scherzte er, von der Bühne aus einen leeren Platz im Parkett entdecke, dann erschrecke er derart, daß ihm ein »Hänger« passiere (daß er also im Text nicht mehr weiter wisse). Er hatte sich an volle, enthusiastische Häuser wie an eine pure Selbstverständlichkeit gewöhnt.

Nun würde ich gern gleich beschreiben, wie er war, wie seine Stimme klang, wie er inszenierte und wie er spielte; denn ich habe ihn oft erlebt, in großen Klassikern und kleinen Komödien, habe seine Inszenierungen bewundert und mich darüber gewundert, daß er als Schauspieler nicht etwa mühelos brillant, souverän wirkte, sondern eher nervös, wunderbar interessant, präsent. In den Premieren oft sogar erkennbar unfrei, während er sich später, in den zweiten und dritten Aufführungen, dann steigerte.

Aber man kann auch mehrere Jahrzehnte nach Gründgens' Tod (1963) noch immer nicht so tun, als habe man es da nur mit einem Künstler zu tun, bei dem es auf die theatralische Leistung ankam und auf sonst gar nichts. Zwischen uns und Gründgens hat sich nämlich der Schwager geschoben.

Das mag verrückt klingen, aber es ist nichtsdestoweniger zutreffend. Ich muß es erklären. Denn ich habe nur zu oft erlebt, daß junge Leute von heute eher über Gründgens' politischen Charakter als über seine Kunst etwas wissen wollen.

Warum das so ist? In den zwanziger Jahren fing der Stern des jungen, 1899 geborenen Schauspielers Gustaf Gründgens zu leuchten an. Er faszinierte – schillernd, extravagant, dabei höchst professionell theaterspielend, auch sogleich meisterhaft regieführend – alle Welt. Zu aller Welt gehörten damals Klaus und Erika Mann, die unternehmungslustigen Kinder von Thomas Mann. Die jungen Leute verliebten sich ineinander. Klaus Mann, Erika Mann, Pamela Wedekind und Gustaf Gründgens traten gemeinsam in einem Stück von Klaus Mann auf, das »Anja und Esther« hieß und übrigens heftig von Cocteau beeinflußt war. Auch eine »Revue zu vieren« unternahm man gemeinsam. Gustaf Gründgens und Erika Mann liebten sich aber nicht nur ein bißchen, sondern sie übertrieben die Sache – indem sie sogar heirateten. Der Schwiegervater Thomas Mann stiftete dem Schwiegersohn einen schönen Schlafrock, und eine schöne Hochzeitsrede hielt er auch. Es braucht wohl nicht hinzugefügt zu werden, daß die Ehe selbst eine Katastrophe wurde, wenn auch nur eine kurze. Die kluge, selbstbewußte Erika Mann wirkte als Hausfrau nicht sehr überzeugend und als Schauspielerin wohl auch nicht; und Gustaf Gründgens schließlich merkte schnell, daß er für die bürgerlich-eheliche Liebe nicht so recht geschaffen war. Jedenfalls packte Erika eines Tages die Koffer und verschwand…

An alledem wäre nichts, was heute noch wiederaufgewärmt werden müßte – wenn nicht im Jahre 1933 Klaus und Erika und auch der ein wenig zögernde Vater Thomas Mann Deutschland protestierend verlassen hätten. Die Manns waren zwar keine Juden, aber Thomas Mann – als Wortführer des geistigen Weimar, als berühmtester deutscher Schriftsteller der zwanziger Jahre, als großer, ironisch-pessimistischer Künstler – konnte den Nazis nicht passen. Die Familie Mann emigrierte also in die Schweiz.

Gründgens indessen blieb in Deutschland, in Berlin sogar, und wurde dort Chef des Staatlichen Schauspielhauses am Gendarmenmarkt. Er blieb also, von Herrn Göring gegen Joseph Goebbels geschützt, und machte in der Hauptstadt des Dritten Reiches hauptstädtisches Theater.

Das hat ihm der von seinem Schwager tief enttäuschte Klaus Mann nicht verziehen. Klaus Mann, plötzlich ein kleiner verfemter Emigrant, während Gustaf den Ruhm genoß, Deutschlands führender Theatermann und ein wunderbarer Mephisto zu sein: damit fand sich der genialische Sohn Thomas Manns nicht ab. Er schrieb, im Affekt und mit dem Schwung des Affekts, einen Schlüssel-Roman. Den »Roman einer Karriere«. Der Held dieses Romans – der 1937 in Holland zum erstenmal erschien – hieß Hendrik Höfgen und ähnelte Gründgens. Höfgen ließ sich da gelegentlich von einer Negerin auspeitschen – was wohl eine Metapher für Gründgens' homosexuelle Veranlagung sein sollte –, und er war, was schwerer wiegt, nichts anderes als ein Opportunist: jemand, der zum Schluß kläglich von sich sagt: »Warum verfolgt man mich?... Ich bin doch nur ein ganz gewöhnlicher Schauspieler.«

Also: das moralische Versagen eines allzu ehrgeizigen Theatermenschen während der Nazi-Zeit. Klaus Manns Mephisto-Roman kam später, nach vielen Prozessen, auch in der Bundesrepublik heraus. Ariane Mnouchkine, die geniale französische Regisseurin, machte ein Theaterstück daraus, das in München, in Stuttgart und anderswo auch über die deutschen Bühnen ging. Natürlich folgte auch ein Film... Klaus Mann hat dem Ex-Schwager eben nie verziehen, daß er nicht auch emigriert war.

Diesen Zorn muß man respektieren und begreifen. Gleichwohl hat Klaus Mann nicht die Wahrheit über Gründgens dargestellt, sondern ein Zerrbild aus jenem Haß gegeben, in welchen Liebe manchmal umschlägt. Denn Gründgens war während der Nazi-Zeit gewiß kein Bollwerk der Nazis, aber doch ein Symbol für Kunst. In seinem Theater wurden keine Propaganda-Stücke gespielt, kam der Hitlergruß nicht vor. Gründgens rettete sogar viele aus rassischen Gründen bedrohte Schauspie-

ler, weil Frau Göring – die Schauspielerin gewesen war –
ihm über ihren mächtigen Gatten bei solchen Rettungs-
Aktionen half. Natürlich wird Gründgens im einzelnen
auch mal seine Zugeständnisse gemacht, den Herrschen-
den nach dem Mund geredet haben. Von Gründgens' An-
ständigkeit ist in Klaus Manns Roman sogar zumindest
indirekt die Rede, widerwillig, denn der Held des Romans handelt keineswegs so böse, wie sein Charakter
dargestellt wird. Im Stück der Mnouchkine jedoch wirkt
Gründgens nur noch wie ein Popanz. Deshalb muß ich,
bevor ich endlich zur Person Gründgens und ihrer Kunst-
leistung komme, wenigstens ein Beispiel Gründgensscher
Hilfsbereitschaft anführen. Gegen den später so berühmt
gewordenen kommunistischen Brecht-Schauspieler Ernst
Busch wurde im Oktober 1943 ein Prozeß angestrengt,
weil Busch kommunistische Propaganda gemacht hatte.
Darauf stand damals gnadenlos Todesstrafe. Busch erklärte später, Gründgens habe ihn im Prozeß wahrheits-
widrig als völlig unpolitisch hingestellt, sei für ihn einge-
treten, womit man 1943 viel riskierte. Busch schrieb:
»Gründgens tat dann aber noch ein übriges. Er wandte
sich an seinerzeit in Berlin sehr einflußreiche Rechtsanwälte, die für mich als Wahlverteidiger auftraten und
auch von Herrn Gründgens bezahlt wurden. Diese
Rechtsanwälte kamen auf eine juristische Idee, die mir
tatsächlich das Leben gerettet hat. Sie machten nämlich
vor dem Kammergericht geltend, daß ich bereits am
27. 4. 1937 von den Nazis ausgebürgert und daher seit
diesem Zeitpunkt als staatenlos anzusehen sei. Infolge-
dessen könnte ich nicht unter die erst später in Kraft ge-
tretenen scharfen Hochverrats- und Landesverratsbe-
stimmungen fallen, welche die Todesstrafe für mein ›Ver-
brechen‹ vorsahen, da ich ja zur Zeit, als diese Strafge-
setze erlassen wurden, nicht mehr deutscher Staatsange-
höriger war.«

Es war ein toller juristischer Dreh, aber der Unrechts-Staat benahm sich offenbar doch auch soweit als Rechts-Staat, daß Ernst Busch mit dem Leben davonkam. Er verdankte es, so sagte er selbst, Gustaf Gründgens – und als heftiger Kommunist hatte Busch wahrlich keinen Grund, mit dem nervösen und lasziven bürgerlichen Künstler Gründgens zu sympathisieren.

Wenn man alles das bedenkt, dann läßt sich der Opportunismus-Vorwurf schlechthin nicht mehr aufrechterhalten. Gründgens war kein Tugend-Engel. Aber in der Nazi-Zeit verhielt er sich als ein tapferer Mann, der Gefährdeten unter Einsatz seiner Macht, seines Wissens, seines Vermögens und seines Mutes half.

Er hat es nicht verdient, als Symbol ehrgeizigen Mitläufertums in die Theatergeschichte einzugehen. Es gab sehr wenige, die tapferer waren als er – wenige, wie etwa Furtwängler, die auch in hoher Position gelegentlich Mut bewiesen –, aber unendlich viele, die sich eindeutig schlechter benahmen. Doch die waren nicht so berühmt wie Gründgens, und sie waren auch nicht von einem Klaus Mann zunächst geliebt, dann gehaßt worden.

Na ja, das wäre dies, sagte Erich Kästner in anderem Zusammenhang.

Als ich Gründgens kennenlernte und erlebte, da lagen alle diese Anfechtungen hinter ihm. Mittlerweile hatte ihm immerhin Bertolt Brecht die Uraufführung des Dramas »Die Heilige Johanna der Schlachthöfe« anvertraut, die 1959 in Hamburg stattfand – und die epochal wurde, weil sie zeigte, daß man Brecht nicht doktrinär-lehrstückhaft aufführen muß, sondern auch revuehaft und zugleich hochdramatisch aufführen kann. Ein ungeheurer Erfolg. Ich werde nie vergessen, wie Gründgens all die Börsenmakler, die pleite gingen, charakterisierte, indem er ihr Gesicht hinter kalkweißer Farbe verschwinden ließ, wie er die siegreichen Makler, zum Beispiel den herrlichen

Herrmann Schomberg, vital auflud, und wie er aus der armen Johanna eine Heldin machte, die nicht nur zu sentimentalem Mitgefühl, sondern auch zu distanziertem Nachdenken Anlaß gab. Nie sah ich Hanne Hiob, die Brecht-Tochter, überzeugender als damals bei Gründgens in Hamburg.

Aber auch der illustre Emigrant Carl Zuckmayer vertraute Gustaf Gründgens sein Atomdrama »Das kalte Licht« zur Uraufführung an, und wenn kein sehr großer Erfolg daraus wurde, so lag es nicht an der intelligent realistischen Aufführung, sondern am weniger intelligenten, nicht allzu realistischen Stück.

Gründgens war im Persönlichen gewiß heftig exaltiert, aber er handelte als Theaterleiter stets höchst vernünftig. »Das kann ich, das habe ich mir ersessen«, sagte er lachend – und in seinem Theater verlief alles so wohlgeordnet, daß ihm ein Erich Kuby beispielsweise einst vorwarf, dieser Gründgens sei gewiß ein fabelhaft bürokratisches Verwaltungsgenie, aber doch kein schöpferischer Künstler. Nun, jemand, der »die« Faust-Aufführung der zweiten Jahrhundert-Hälfte erarbeitet hat, dem ein großartiger »Don Carlos«, Eliots »Cocktail-Party«, Raimunds »Alpenkönig und Menschenfeind« mit Kortner, sowie eine meisterhafte Pirandello-Vergegenwärtigung zu danken waren: der war vielleicht kein Fehling gewesen, kein ungeheuerlich das Wirkliche bereichernder expressionistischer Theaterkünstler, aber doch ein großer, werktreuer Regisseur, der in den Inszenierungen seiner Oberspielleiter keine Undurchsichtigkeiten duldete, der die Beziehungen der Menschen auf der Bühne genau durchschaute und gestaltete, der alles bloß Ornamentale, Aufgesetzte nicht nötig hatte und bei anderen verspottete. Im Gespräch war Gründgens kühl, selbstironisch, nicht ohne Koketterie. Als Regisseur begriff er die Gesetze der großen Klassiker, ahnte er die Seelen seiner Schauspieler, setzte er seine Autorität ein – und ihm gelang verstandes-helles, inspiriertes Großstadt-Theater. Sein Mephisto machte in Moskau einen solchen Eindruck, daß der Dichter Boris Pasternak vor Gründgens Angst bekam, ob er nicht vielleicht wirklich der Teufel sei. In Italien nannte ihn eine kommunistische Zeitung bei seinem Tod »einen der größten Schauspieler und Regisseure aller Zeiten« – und in Hamburg ist es bis auf den heutigen Tag ein Risiko, Intendant am Deutschen Schauspielhaus zu werden, weil sich alle Nachfolger an Gründgens messen lassen müssen. Gründgens' Nachfolger Oskar Fritz Schuh hatte Pech, dessen Nachfolger Egon Monk wurde dann als »Halbschuh« bespöttelt; Grischa Barfuß, der Düsseldorfer General-Intendant, weigerte sich beharrlich, in Hamburg abzuschließen, weil er sich vor der Sequenz »Schuh, Halbschuh, Barfuß« fürchtete. Und auch Ivan Nagel kam mit dem Gründgens-Erbe nur mühsam zurecht. So groß war der Alte gewesen...

Dabei keineswegs übermäßig selbstbewußt. In seinem Fernsehgespräch mit Günter Gaus, das »Zur Person« hieß und am 10. Juli 1963 geführt wurde, sagte Gründgens:

»Sehen Sie, ich zum Beispiel bin ein ganz schlechter Premieren-Schauspieler. Warum? Weil ich einer Premiere... erstens schleppe ich mich also an Krücken sozusagen aus Angst vor der Verantwortung ins Theater. Und dann komme ich nicht mehr zu dieser Naivität« – die als geheimnisvolle Unvoreingenommenheit für ihn so wichtig war. Gründgens fuhr fort: »Zu dem komme ich nicht mehr, weil ich weiß, na ja, jetzt ist der Melchinger gekommen, der Friedrich Luft ist da. Plötzlich, aus dem anonymen Publikum kommen Einzelfiguren, und es gelingt mir furchtbar schwer, den Kopf zu schütteln und Herrn Joachim Kaiser zu vergessen. Ich weiß nicht, ob ich mich jetzt klar ausdrücke.«

Darauf sagte Gaus berechtigterweise: »Sehr klar. Routine hilft nicht?« Gründgens fuhr fort:

»Nein. Routine, die hilft überhaupt nichts. – Ich weiß nicht, was Routine überhaupt ist. Ich kenne den Begriff Routine nur insofern, als er im Lauf der Jahre mit einem gewachsen ist. Also: daß man gelernt hat, richtig zu betonen, daß man weiß, wie man gehen soll. Aber: ich zum Beispiel könnte es mir niemals leisten, ohne den vollsten Einsatz Theater zu spielen – weil dann gleich nichts da ist.«

Tolle Künstler-Sätze. Wirklich nicht die Koketterie jemandes, der erfolgs- und effektsicher vor sein Publikum tritt.

Gründgens entwickelte offenbar den Stil seines Theater-Führens und Theater-Spielens aus zwei konträren Prinzipien: aus der Stetigkeit des Wiederholens und der Unbefangenheit des Immer-neu-Machens. Ob »Hamlet«, »Faust« oder »Wallenstein«: es stehen Jahre, ja Jahrzehnte hinter jedem Satz. Er wollte sich nie mechanisch wiederholen, wollte aber auch nie um jeden Preis alles anders machen: so trat in den Aufführungen die Lebensleistung jemandes zutage, der mit dem Gleichen immer wieder von vorn angefangen hat.

Die Tatsache, daß Gründgens den »Faust« vor vielen Jahren in einer ganz bestimmen Form gemacht hatte, wurde für ihn weder zum Zwang, etwas unbedingt Neues zu probieren, noch zur bequemen Nötigung, alles ungefähr beim alten zu belassen und nur ein paar hübsche neue Lichter aufzusetzen. Darum vibrierte sein Theater vor Frische und vor Weisheit. Der »Wallenstein« zum Beispiel stand jahrelang auf Gründgens' Repertoire. Dann aber mußte das Ensemble des Deutschen Schauspielhauses auf den freundlich-persönlichen und inständigen Wunsch des damaligen Bundespräsidenten Theodor Heuss nach Stuttgart, um die eingespielte Aufführung im

Zusammenhang der dortigen Schiller-Olympiade – man feierte 1959 Schillers 200. Geburtstag – ein einziges Mal zu präsentieren. Gründgens, die Vorstellung vor der Reise redigierend, entbrannte wieder. Änderte, probte, erneuerte drei volle Arbeitswochen lang. Und brachte eine herrlich frische Aufführung nach Stuttgart. So war es: Stetigkeit ließ Gründgens immer wieder die gleichen Götter ehren, Unbefangenheit hingegen mit immer neuen Speeren werfen. Stolz und erleichtert war er dann danach beim Staatsempfang. Ich sah ihn nie vergnügter...

Als Schauspieler war er überlegen. Seine Überlegenheit bestand aber – pointiert gesagt – darin, daß er den glänzendsten seiner Kollegen bei Premieren sozusagen technisch unterlegen schien. Er nahm alles schwerer und machte es sich schwerer. Er spielte nicht einfach drauf los, sondern wirkte unsicher, fast gehemmt, bedrängt. Und dennoch war er gerade in solchen Augenblicken fast allein auf der Bühne: man wollte dann eben nicht mehr wissen, was den anderen so herrlich leicht fiel, sondern vielmehr miterleben, was einem Gründgens schwer wurde.

Er ging als der Mephisto unseres Zeitalters in die Theatergeschichte ein.

Gründgens' Mephisto – in seiner »Faust«-Inszenierung – war unvergleichlich. Nicht nur, weil die Rolle bis zum Äußersten durchdacht und tiefsinnig angelegt schien, sondern weil der intellektuellen Durchdringung ein gleich großes Maß an komödiantischer Abrundung gegenüberstand. Gründgens' Teufel war mehr als bloß undurchdringlicher Inbegriff Goethescher Ironie – war zugleich auch lustige Person. In dem finsteren Sinn dieses uralten Lebewesens, dessen Taten so sehr zur Zerstörung drängten, schienen Äonen zu schlummern. Wenn Gründgens den Satz: »Allwissend bin ich nicht, doch ist mir viel bewußt« so aussprach, daß vor dem »viel« eine immense Pause entsteht – »doch ist mir – – – viel bewußt« –, dann

94

symbolisierte eine solche Pause abgründige Erfahrung. Plötzlich meint man, dem alten Teufel gehe es vielleicht gar nicht nur um die Seele eines Gelehrten, sondern er wolle auf dem Umweg über den Faust wieder mit Gott-Vater ins Gespräch kommen. Weil er halt doch ein rebellierender, gefallener Engel war.

Gründgens' Wirkung bei alledem – ich sah die Aufführung drei- oder viermal – beruhte auf seiner unwiderstehlichen Gegenwärtigkeit. Der Teufel wirbelt seine Partner, die alle nur seine Objekte sind, agil hin und her. Er ist grell, böse, spricht genießerisch-herrlich, steigert komödiantische Lust zu menschenverachtender Wollust. Und das eisige Prinzip des Zerstörens deutet er um in… sagen wir »teuflische Freude am Zerstören«…

Es gibt Dokumentationen, Bildbände, einen Faust-Film nach dieser Aufführung, Schallplatten. Man könnte meinen, Goethes Mephisto in Gründgens' Interpretation sei für die Nachwelt festgehalten. Das trifft aber leider nicht zu. Die von Gründgens bewältigte komödiantische Bereicherung, die das teuflische Prinzip auf der Bühne zu einer Figur machte, samt der schwer erworbenen Vertiefung (die aus den Bühnenbrettern die ganze Welt werden ließ) – das läßt sich weder mit Worten völlig klarlegen, noch auch bloß auf Schallplatten-Sprechen oder auf die gleichsam raumlose, eindimensionale Film-Gebärde reduzieren. Die Rolle des Mephisto besteht ja nicht nur aus Monologen. Das Teuflische an diesem Teufel ist sein Schleichen, sein Umgarnen, seine ständige Anwesenheit. Immer wieder taucht er auf, eingreifend, reagierend, schweigend auch. Shakespeares Jago, der den Othello ständig beschattet, muß nur einen labilen Mohren eifersüchtig machen. Mephisto hat es schwerer – er muß Fausts Unsterbliches umgarnen. Und zwar trotz Gretchens Liebe und Fausts Ernsthaftigkeit. Darum versagt auch der Film, der nur die virtuosen Alleingänge, nicht aber die raumbeherrschende Allgegenwärtigkeit des Gründgensschen Teufels einfangen konnte. Hier soll gewiß nicht »elitär« ein unwiederholbares Bühnen-Erlebnis gegen die Wiederholbarkeit des Theaterfilms ausgespielt werden. Aber schon damals, als der Film herauskam und unmittelbar mit der Aufführung verglichen werden konnte, sah man, daß Filme, wie Kafka einst höhnte, unter Umständen wirklich »eiserne Fensterläden« sind.

Am tiefsten beeindruckte mich Gründgens, als ich ihn in Shakespeares »Sturm« erlebte. Er hatte da den Herzog Prospero zu spielen. Einen gelehrten Politiker, den mordbereite Konkurrenten stürzten und auf ein Eiland aussetzten. Dort wuchs der bücherbesessene Mann zum Magier, zum Beherrscher der Natur und ihrer Geister. Nun beschwört er einen Sturm herauf, um seiner ehemaligen Gegner habhaft zu werden. Er fängt sie auch. Sie werden geängstigt und gestraft. Am Ende nimmt der Herzog vom Zaubern Abschied, versenkt er den Zaubermantel und den Zauberstab in die Tiefe – weil ihm nun »zum Zaubern die Kraft fehlt«. Der »Sturm« war Shakespeares letztes Stück – der Satz »zum Zaubern fehlt die Kraft mir« rührt uns über die Jahrhunderte hinweg als zartes Bekenntnis eines der größten Sterblichen. Diesen Herzog Prospero hat Gründgens – selber nicht mehr jung – überwältigend gespielt. Und zwar nicht nur als Inkarnation von Weisheit.

Gründgens war zu groß, um sich als Prospero in die Maske eines weisen Philosophen, eines rührenden Weihnachtsmannes zu retten. Sein Prospero hatte Nerven. Das war eher der Herzog Wallenstein, nach Elba verbannt, gequält von der Anstrengung des Zaubernmüssens, von der Sehnsucht, heimzukommen. Freundlich und nachsichtig wohl – aber nicht kampflos weise…

Ich hatte das Glück, Gustaf Gründgens dreimal als Prospero zu sehen. In der Premiere, in der dritten Aufführung, dann ein paar Monate später. Jedesmal war er der Vollendung näher. Beim dritten Mal ging Gründgens' Überlegenheit so weit, daß seine Mitspieler – und wie hinreißend lustig war da Ulrich Haupt als Caliban – beinahe verschwanden... In der ersten Aufführung hatte noch Gründgens' allzu starrer Blick gestört, der allzu manierierte Sing-Ton.

Gründgens' Prospero war kein Patriarch, sondern ein Mensch, der Böses erlebt hat und dennoch Güte wagt. Er kämpfte um Weisheit, ließ sie als Gnade in sich entstehen. Es gibt viele alte Spielfilme, in denen man sieht, wie ölig Gründgens sein konnte, wie »aasig« im Sinne von bös, wie verführerisch im Sinne von lustig-lasziv. Er war kein Engel, günstigstenfalls ein gefallener. Doch als er am Ende seiner Laufbahn nochmal Hermann Bahrs Komödie »Das Konzert« spielte, da entwaffnete Gründgens' Selbst-Ironie. Der ältere Herr da wollte doch ein bißchen Liebe und Ehebruch, gewiß – aber er war halt doch nur ein in der Liebeshütte armselig herumhumpelnder betagter Professor, den das Tempo der jungen Gespielin schrecklich schweißtreibend und irritierend berührte.

Walter Maria Guggenheimer

Walter Maria Guggenheimer lebte von 1903 bis 1967. Er war in München geboren worden, dann – zusammen mit seinem Freunde Eugen Kogon – Schüler auf einem bayerischen Benediktiner-Internat gewesen. Später hat er in Berlin und München Volkswirtschaft studiert. 1935 emigrierte er (Halbjude) dank der Protektion von Dr. Wellhausen, dem späteren bekannten FDP-Politiker, nach Teheran, wo er für die MAN auf einem Außenposten tätig war. Er liebte Deutschland und die deutsche Kultur tief, die französische schwärmerisch. Darum wollte er nach dem Kriege, den er samt unvermeidlichem Ende längst hatte kommen sehen, möglichst rasch zurück. Aber es widerstrebte ihm, sich den Heimweg von den Alliierten »freischießen« zu lassen. Also marschierte er mit den sich ständig um-nennenden Free French Forces des General de Gaulle über Afrika, Italien und Frankreich nach Deutschland. Hier begann er 1945 frei, besten Willens, ohne alle Ressentiments, ausgestattet mit enormen Sprachkenntnissen und Erfahrungen. Die damalige westdeutsche Situation verglich er gern mit der Lage, in der sich 1917 Rußland befand. So irritierte es ihn, daß man hierzulande nur einen pragmatisch-effizienten Wiederaufbau, aber keine grundlegende Neu-Ordnung von Gesellschaft und

Leben anstrebte. Diese Enttäuschung machte ihn hellhörig, bitter, witzig, aggressiv.

Nach dem Zweiten Weltkrieg schrieb er im *Ruf,* war bei der Gründung der »Gruppe 47« mit dabei. Bald redigierte er, neugierig und begeisterungsfähig, den Kulturteil der *Frankfurter Hefte,* der für das Schicksal so manches jungen deutschen Intellektuellen bestimmend wurde. Er arbeitete auch (kurz) als Verlagslektor bei Suhrkamp, war jahrelang heftig umstrittener Kommentator beim Bayerischen Rundfunk (»im Vakuum, links von der SPD«), verfaßte Musikkritiken, intelligent fordernde Theaterkritiken, ungemein sensible Übersetzungen aus dem Französischen. Endlich, als er kränkelte und kaum mehr (außer immer wieder ins Krankenhaus) die Wohnung zu verlassen vermochte, wurde er – für die *Süddeutsche Zeitung* – der beste, am umfassendsten gebildete und am differenziertesten formulierende Fernsehkritiker, den man in der Bundesrepublik lesen konnte. Ich fragte ihn damals neugierig und neidvoll, ob ihm das Studium der Nationalökonomie – seine wirklich witzige Dissertation bekämpfte gewisse Thesen von Rosa Luxemburg – nicht doch viel gebracht habe. Er antwortete, hoch-hell-trocken auflachend: »Es hat mich an nichts gehindert.«

Der Einfluß, den Guggenheimer – dank seiner zahlreich-wirren Tätigkeiten – auf viele Menschen in Bayern oder Hessen hatte, stand in keinem Verhältnis zu seinem Ruhm. Ein berühmter, allbekannter Publizist wie Augstein, Sieburg oder Torberg ist er nie gewesen. In Hamburg kannten ihn nur, wenn überhaupt, die Insider. Denn es fehlte ihm – gerade ihm, der sich so leidenschaftlich und uneigennützig für junge Leute, begabte Anfänger, irgend etwas versprechende Intellektuelle einsetzte – die sonore Selbstsicherheit der Vaterfigur, die tiefe, süffisant sichere Stimme Torbergs, die Goethe-Ähnlichkeit des souveränen Friedrich Sieburg.

Guggenheimer hastete vielmehr mit Aktentaschen voller deutscher, französischer, britischer, amerikanischer Tageszeitungen durch Redaktionsräume, Privatwohnungen, Cafés. Er hatte eine fistelnde, schnelle, logisch ins Argumentations-Ziel dringende Sprechweise. Seinen irdischen Weg säumten Katastrophen, verlegte Quittungen, haarsträubende Pannen, Verwechslungen, Termin-Irrtümer. Und die, denen er Förderung zukommen ließ, die mit ihm befreundet schienen, die beglückt waren, wenn sie mit ihm konversieren durften: sie mochten ihn zwar, sie kümmerten sich herzlich gern um den chaotischen Junggesellen, der galant zu Frauen sein konnte (hatte eine Dame seines Bekanntenkreises Geburtstag, dann bedachte er nicht nur die »Jubilarin« mit Geschenken, sondern auch die zur Feier eingeladenen anderen Damen mit, auf daß selbige nicht mit traurig leeren Händen dastünden). Aber als er in Not war, konnte ihm doch kein Mensch wirklich helfen...

Wer ihn kannte oder gar gut kannte, diesen hinreißend originellen Mann, der zuerst in die CDU eintrat, dann in die SPD wechselte, wo er auch keine Heimat fand, diesen »Linken«, der außerdem Claudel liebte, das katholische Internat nie verleugnete, für den späten Bürger Richard Strauss schwärmte und eine nie versiegende Freude daran hatte, Argumente anzuhören, die ihm neu, konträr, überraschend waren, der mit fast masochistischer Bereitschaft dazu tendierte, Ansichten, die den seinen widersprachen, wichtig zu nehmen, klug zu finden, in irgendeinem (dialektischen) Kern zu akzeptieren – wer ihn also kannte, vermochte schlechthin nicht zu begreifen, daß es der »Öffentlichkeit«, den Flüchtlingsverbänden und so manchen verbissenen bayerischen Politikern möglich war, ihn regelrecht zu hassen! Es war ein lodernder Haß. Auch Walter von Cube – damals mächtiger Mann im Bayerischen Rundfunk – sah sich außerstande, seinen Freund Guggenheimer zu halten oder es bei einer »Mißbilligung« zu belassen, nachdem Guggenheimer als Rundfunkkommentator über den ungarischen Aufstand etwas gesagt hatte, was der westdeutschen öffentlichen Meinung widersprach und der östlichen Version nicht...

Wir, seine Freunde, wußten ja, daß er nicht aus Leichtfertigkeit oder Snobismus so argumentierte, sondern weil ihm das Durchdenken der »anderen« Position ein Bedürfnis gewesen ist. Wir kannten auch den Menschen und nicht nur seine Stimme, die hoch war und auf Nur-Hörer offenbar aufreizend wirkte. Vielleicht unterschätzten wir das Skandalon, welches 1957 in gewissen, heute mehr publik gewordenen Guggenheimer-Ansichten beschlossen lag. Etwa: »Weite Kreise des deutschen Bürgertums setzten auf Dr. Adenauer nicht trotz, sondern wegen seiner Abhängigkeit von der amerikanischen Außenpolitik. Sie erschiene ihnen eine Garantie dafür, daß umgekehrt das amerikanische Interesse an einer deutschen Wirtschaftskonjunktur fortdauere. Sie seien entschlossen, sich ihre Prosperität etwas kosten zu lassen. Eine Art Synthese von Nietzsche und Bert Brecht: ›Nur wer im Wohlstand lebt, lebt auch gefährlich.‹«

Die Wohlstandskinder, sie hörten's nicht gerne. Und als das Bundeskanzleramt eine ähnlich warnende Behauptung Guggenheimers als »Panne« zurückwies, ließ Guggenheimer im nächsten Kommentar wissen: »Auf dem Wege zum Abgrund kann eine Panne das Leben retten.« (Den jungen Journalisten möchte ich sehen, der solche Repliken nicht schwärmerisch bewundert.)

Allein, Guggenheimer war gar nicht nur witzig und scharf. Als er spürte, daß man den kampffreudigen, charakterstarken und gebildeten, aber »schwarzen« CSU-Minister Dr. Alois Hundhammer seitens der *Neuen Zeitung* − der amerikanischen Zeitung in Deutschland − allzu heftig, konjunkturdemokratisch und aufklärerisch

liberal angriff, schrieb er eine große Verteidigung Hund-
hammers, die er freilich einige Jahre später sanft zurück-
nahm, weil Hundhammer eine törichte Skandal-Posse
wegen Werner Egks *Abraxas*-Ballett inszenierte. Guggenheimers anfängliche Verteidigung des Übereifrigen en-
dete mit den schönen visionären, allen »Absoluten« ins
Stammbuch geschriebenen Sätzen:
»Mit allem wirklich gebührenden Respekt sollte man
Herrn Dr. Hundhammer nahelegen, von Zeit zu Zeit in
der Geschichte der Kreuzfahrer nachzulesen, wie wenige von ihnen ans Ziel, ans Heilige Grab gelangten,
und an welch abseitige Abenteuer gerade die Strahlend-
sten ihr kühnes und selbstloses Herz verschwendet haben.«
Er war ein Redakteur aus Leidenschaft. Voller Projekte,
die oft nicht ausführbar waren. Oder meist irgendwie anders, aber nie völlig überflüssig ausgingen. Er hörte nie
nur aus Höflichkeit zu, sondern stets, um widerlegt zu
werden. Das brachte seine jeweiligen Gesprächspartner
in Feuer, in Hochform, auch wenn sie ganz zum Schluß
doch ahnten, daß Guggenheimers leiser Scharfsinn klüger
sei als ihre lauten und schlauen Konstruktionen.
Was die von Kogon und Dirks herausgegebenen, von
Walter Maria Guggenheimer redaktionell betreuten
Frankfurter Hefte zwischen 1946 und 1953 bedeuteten
und was sie bis zum Jahre 1967 zu bedeuten nicht ganz
aufhörten, kann man Zeitschriften-entwöhnten Jüngeren
unserer achtziger Jahre kaum mehr klarmachen. Damals
veränderte ein guter, überzeugender, origineller Aufsatz
– und das gilt mutatis mutandis auch für die *Neue Rundschau*, den *Monat*, den *Merkur* – doch ein bißchen die
Welt und gar nicht nur ein bißchen die Situation des Au-
tors, der ihn geschrieben. Guggenheimer klagte über
seine Herausgeber, man könne sich nicht einmal darauf
verlassen, daß sie das *nicht* ausführen, was sie auszufüh-

ren versprochen hätten. Aber aus diesen vergnüglichen, oft auch quälenden Kontroversen entsprangen doch manche großen, bewegenden, leitbildhaften Texte.

War ein Grundkonsens gegeben, dann interessierte es Guggenheimer nicht mehr, ob er eine Kritik abdruckte, die seinen Überzeugungen entsprach oder nicht, dann fragte er nur noch nach dem Gewicht der Sache. Er redigierte begeistert. Beim Lesen eines Manuskriptes sparte er nicht mit laut geäußerter Freude. Plötzlich aber blieb sein Finger gelähmt an einer – wie man als Autor meinte, besonders geistvoll gelungenen – Stelle haften. Guggenheimer bittet um Erklärung. Was wollten Sie sagen (und haben Sie also nicht gesagt)? In solchen Fällen pflegten nicht völlig unsensible Urheber zu erröten. Er, WG, hatte ja immer recht. Vor ihm sanken die Platitüden dahin, und dem Hochtrabenden entwich die Luft.

Weil er originell war, brauchte er weder Sicherheiten noch Vorurteile. Und wer Vorurteile verachtet, kann es sich leisten, auf Anfänger zu achten. Guggenheimer hat vielen jungen Leuten die erste große Chance gegeben. Ihm schienen gleichwohl die Jahre zwischen 1945 und 1967 nicht zu halten, was er – und man – sich vom deutschen Anfang versprochen hatte. Ob die 68er-Revolution seine Träume eher bestätigt hätte? Ob die APO seinen Sehnsüchten nach freier und selbstbewußter Politik reiner entsprochen hätte? Ob die Grünen ihm Gold gewesen wären? Lauter hypothetische Erwägungen, zugegeben. In einer Fernsehsendung stellte der gebildete SPD-Professor Carlo Schmid die Frage, was geschehen wäre, wenn Napoleon bei Waterloo gesiegt hätte. Ich zitiere nun aus Guggenheimers Kritik: » ›Man weiß es nicht‹, war die bescheidene, wenn auch schwer bestreitbare Antwort«.

Guggenheimer betrachtete sich selbst nie als Mittelpunkt, sondern immer als Quantité négligeable. Persönliches verhüllte er anekdotisch und unpathetisch.

Als idiotische Empfindlichkeit ihn im Bayerischen Rundfunk »politisch untragbar machte«, durfte er nur noch Theaterkritiken schreiben, weil man dergleichen offenbar für unüberbietbar harmlos hielt. Dabei hat Guggenheimer als erster eine ganze Generation (seine Bewunderer und Schüler) gelehrt, was angewandte Demokratie sei. »Das muß er dürfen«, sagte er gern über noch so ärgerliche Reaktionen gewisser Gegner oder Widersacher. Weil Denken für ihn kein bloßes Spiel war, legte er um so mehr Wert auf die formalistische und positivistische Bestimmung des betreffenden Denk-Spielraums. Er war zu lebendig, zu schnell, um je der »Routine« zu verfallen. Ja, ein wenig mehr Routine hätten seine Freunde ihm sogar gewünscht, weil er sich, anti-routiniert, immer von neuem selbst das Kleinste so verzwickt schwerzumachen verstand. Wer heutzutage seine leider nur in Archiven gesammelten politischen Kommentare läse, wer die *Frankfurter Hefte* – zumal deren Kritikenteil – sorgfältig studierte, wer Guggenheimers große Essays über de Gaulle, die Heilige Johanna, das (nicht stattfindende) »Ende des Kolonialismus« und die nur lückenhaft gesammelten Theaterkritiken oder Musikkritiken (Wagners Götterdämmerung: »Untergang der Akkordik, Akkordik des Untergangs«) studierte: dieser Neugierige begegnete einem Formulierer, wie es nach dem Zweiten Weltkrieg keinen besseren gab, freilich auch einem recht unmethodisch-impressionistischen Plauderer auf sympathischer, aber gefährlicher Flucht vor Größe, Strenge und Pathos. Wenige Monate, bevor er starb, sagte ich ihm leichthin, er sei zu gut für diese Welt. (Wir hatten gerade im Rundfunk ein 70-Minuten-Gespräch geführt, das den seltsamen Titel »Reisen mit de Gaulle« trug und mehr über die Emigranten-Situation im mittleren Osten enthält, als sonst irgendwo zu erfahren wäre. Leider liegen Guggenheimers Worte nur im Typo-Skript vor.)

104

Nun hörte er es gar nicht gern, zu gut für diese Welt zu sein. Das hatte er nämlich dem braven Ollenhauer vorgeworfen, diesem so ungemein anständigen und unraffinierten einstigen Chef der SPD. Ärgerlich lachend gab er mir zurück, so leicht wolle er seinen Überlebenden den Nachruf nicht machen; er müsse also kurz vor seinem Tod noch irgend etwas Boshaftes aussinnen, um diese banale Floskel zu verhindern. Aber das gelang ihm nicht.

Fritz Kortner

Fritz Kortner ist im Jahre 1970 als 78jähriger gestorben: sein Tod liegt also schon ziemlich lange zurück. Und längst Theatergeschichte geworden sind die Taten, die Haltungen, die Vergegenwärtigungen dieses genialen Mannes, der übrigens nicht nur außerordentliche Theater-Werke, sondern auch fabelhafte Anekdoten von kleiner Unsterblichkeit produzierte. Es gibt mittlerweile ein Buch gesammelter Kortner-Anekdoten! Und erst recht existieren ungedruckte: in der Erinnerung eines jeden Menschen, der mit Kortner jemals zusammenkam. Weil aber die Leute, die mit Kortner intensiv arbeiteten, unter ihm leidend, lernend, triumphierend, meist Theatermenschen gewesen sind – also Leute, die gern und gut Witze zu erzählen und Tonfälle nachzuahmen vermögen: darum hat der große Fritz Kortner nicht nur einige Bücher, Stücke und Filme, nicht nur die Erinnerung an zahlreiche große Aufführungen und Szenen hinterlassen, sondern auch einen geradezu mythischen Anekdotenschatten.
Kortner stammte aus Wien – mit dem Burgtheater, ja überhaupt mit den Wienern hatte er es darum besonders schwer. Er ist ein zutiefst wienerischer Wien-Hasser gewesen, der gleichwohl nicht davon abließ, nach gewissen

Karenz-Pausen, wenn die Krisen und Kräche, die Kortner und Wiens Theaterleute sich bereiteten, abgeklungen waren, es doch wieder einmal mit dem natürlich auch heimlich geliebten Wien zu versuchen. In den Jahren nach dem Ersten Weltkrieg wurde Kortner als Schauspieler zur Berühmtheit von europäischem Rang. Und zwar, wie es sich für einen genialen Wiener gehört, in Berlin, wo er seinen Durchbruch als Darsteller des großen expressionistischen Theaters schaffte. Sein Gessler aus dem »Wilhelm Tell«, den er 1919 zur Bestürzung und Bewunderung des Berliner Theaterpublikums darbot, war ein Meilenstein, war wohl dem berühmten expressionistischen »Dr. Caligari«-Film mit Werner Krauss aus jener Zeit vergleichbar. Aber auch einige Shakespeare-Rollen, der Jude Shylock aus dem »Kaufmann von Venedig« oder der blutbesudelte, tragische Richard III. wirkten offenbar derart ungeheuerlich, daß wir Späteren sogar vom bloßen Abglanz dieser Kunstleistungen viel und Einprägsames erfuhren. Zwar heißt es: »Dem Mimen flicht die Nachwelt keine Kränze.« Doch aus den Berichten und Kritiken, die im alten Berlin über Kortner geschrieben wurden, hallt so Tief-Beeindruckendes, so Prägnantes zu uns herüber, in Kortners Autobiographie »Aller Tage Abend« steht so Konkretes und Anschauliches, daß diese Berliner Taten von einst nach wie vor unvergessen sind: zumal Kortner gewisse Shakespeare-Vergegenwärtigungen unter ganz anderen Voraussetzungen nach dem Zweiten Weltkrieg noch einmal zu wiederholen, genauer gesagt, weiterzuführen versuchte.

Zunächst aber kam die Hitler-Zäsur. Auch Fritz Kortner mußte emigrieren. Erst nach England, dann in die USA, wo Kortner mit Dorothy Thompson, der berühmten Publizistin und Gattin des Schriftstellers Sinclair Lewis, befreundet war und sogar mit ihr gemeinsam Texte verfaßte. In Amerika hat er sich offenbar ganz gut behaupten können. Er war ein Theatermann durch und durch; voller bitterer Selbstironie erzählte er, daß er bei seiner Ankunft in New York überhaupt kein Auge hatte für die Wolkenkratzer Manhattans. Denn während er das lebensrettende Amerika betrat, wurde ihm eine furchtbare Information zuteil. Ein gleichfalls emigrierter deutscher Theaterkritiker namens Rolf Nürnberg sagte zu Kortner: »Wissen Sie, daß Werner Krauss Richard III. in Berlin spielt?«

»Das traf! Ich hatte es nicht gewußt! Mein Richard! So egozentrisch stand ich der Rolle gegenüber... Der Mut zur Erneuerung, so notwendig bei der Ankunft auf dem für mich neuen Kontinent, schrumpfte zusammen. Dann zeigte mir Nürnberg den Theaterzettel, den ihm jemand zugeschickt hatte, und Kritiken. Ich kannte alle Namen und las, bis das Auto hielt. Wir waren vor dem Hotel angelangt, ohne daß ich auch nur einen Blick auf die Straße geworfen hatte, die zu sehen ich so begierig gewesen war.«

Wenn das nicht eine herzbewegende, rührende Emigrationsgeschichte ist, die mehr über das Heimweh und über das »Herzasthma des Exils« deutlich macht als eine ganze Bücherwand Emigrations-Soziologie! So wundern wir uns auch nicht darüber, daß der Schauspieler und Künstler Kortner nach dem Ende des Zweiten Weltkrieges – er war längst über fünfzig – doch zurückging in das Land, dessen Sprache seine Muttersprache war. Also nach Deutschland. Hier imponierte er als Schauspieler, hier begann er eine späte, von Triumphen, aber auch Skandalen begleitete Karriere als Regisseur. »Als Schauspieler liebe ich ihn, als Regisseur nicht so sehr«, äußerte damals der alte Regisseur Heinz Hilpert, sagten auch manche, die Kortner aus irgendwelchen Gründen nicht mochten. Und sie konnten mit Recht anführen, daß er das Regiehandwerk etwas zu spät und darum nicht mehr »perfekt« gelernt habe. Doch geniale Künstler müssen nicht unbedingt Perfektionisten sein. Kortner gehörte seinem Wesen nach zur großen deutschen Ausdrucks-Tradition. Er war kein Entertainer, kein Verspielter, kein Eleganter...

Eine alte Freundin Kortners, Frau Elisabeth Neumann-Viertel, erzählt, wie sie damals in Amerika neben Kortners in Kalifornien wohnte. »Wir gingen mit Kortner spazieren. Am schönsten Aussichtspunkt, hoch über dem Ozean, umfaßte Kortner mit weitausholender Gebärde die Landschaft und sagte:

›Dies alles will ich nie mehr sehen.‹ «

So ging er zurück nach Deutschland – obwohl er ein mißtrauischer, eifernder Künstler war, obwohl er meinte, jemand, der einmal verfolgt worden wäre, könne keinen »Verfolgungswahn« entwickeln, weil er ja in der Tat zum Objekt von Verfolgungen gemacht worden sei. Was ich ihm gegenüber nicht für logisch hielt: Auch ein (einst) Verfolgter kann ja von anderen geliebt werden, oder respektiert, oder kritisiert, ohne dann immer gleich verfolgt zu sein. Aber das hat Kortner nicht geglaubt. Er zog übrigens die Kräche, die Auseinandersetzungen förmlich an... mit einer Jüdin wie Elisabeth Bergner genauso hitzig wie mit nichtjüdischen Theaterleuten, Kritikern und unsicheren Ex-Nazis, die in den fünfziger Jahren aus schlechtem Gewissen oder guten Vorsätzen den demonstrativen Philosemitismus für eine Art Sicherheit hielten – eine Sicherheit, die aber an Kortners grimmig monumentalem Anspruch oft rasch zuschanden wurde. Kortner litt unter solchen Spannungen. Er hat sie, wenn es um Regie und Bühnenvorteile ging, auch manchmal ungeheuer theatroman ausgenutzt. Falls ich mir als Kritiker seinen Leistungen gegenüber auch nur zarteste Einschränkungen erlaubte, passierte regelmäßig, was sonst fast nie geschieht. Dann fragte Adorno an, ob ich mich nicht mal mit ihm und Kortner treffen und über Kritik reden wolle; dann mischte der Verleger Kindler sich ein und wollte mit mir über Kortner diskutieren – während ich über alle anderen unbehelligt äußern durfte, was ich für richtig hielt. Dann mußte der SZ-Chef Werner Friedmann sich entschlossen zu meiner Rezension bekennen und den Unmut Kortners riskieren. Erst in seinen allerletzten Jahren wurde Kortner etwas milder. »Früher habe ich gemeint«, bekannte Kortner 73jährig einem Reporter, »früher habe ich gemeint... ich möchte unter keinen Umständen in Deutschland sterben. Jetzt ist aus diesem Wunsch geworden: ›Ich möchte nicht sterben‹.«

Er war als expressionistischer Schauspieler berühmt geworden, später verkörperte er einen magischen Realismus, die Neue Sachlichkeit. In seiner Regisseur-Zeit nach dem Zweiten Weltkrieg – die hauptsächlich hier in München, an den Kammerspielen und am Residenztheater sich entfaltete, aber auch gelegentlich in Berlin, Hamburg, Wien, Frankfurt – in seiner Regisseur-Zeit neigte er einem »kritischen Realismus« zu. Nicht die schöne Pose, die erbaulichen brokatenen Verse, sondern die Wahrheit über menschliche Haltungen versuchte er, als überwältigend kluger (und oft beklemmend umständlicher) Regisseur, herauszufinden, festzustellen. Er probierte lange und anstrengend. Immer wieder neu ändernd, unsicher; oft ätzend in der Kritik; oft liebevoll in der Hilfe, wenn er merkte, daß man ihm vertraute. »Ich habe vor Ihnen Angst, weil ich Angst habe, daß Sie vor mir Angst haben« – sagte der Berühmte und Gefürchtete zu einem Intendanten, an dessen Haus er zu arbeiten gedachte, was erfahrungsmäßig jedes Theater, wo Kortner sich ein Stück, einen großen Klassiker gar, vornahm, bis an die Grenze des Ertragbaren und Erträglichen durchschüttelte, erschütterte... Während ich jetzt über Kortner nachdenke, spüre ich, daß mir ein ganz klares, eindeutiges, eindimensionales Urteil über Fritz Kortner nicht möglich ist. Als ganz junger Mensch habe ich ihn bewundert. Später kamen mir seine Inszenierungen oft zu unausgeglichen vor, zu wenig zeitlich geordnet, zu breit, zu unproportioniert, zu sehr in Einzelheiten und Überdeutlichkeiten, Langsamkeiten und Demonstrationen auseinanderberstend. In den letzten Jahren, nachdem ich ihn auch persönlich kennengelernt hatte, begann ich den hinreißend klugen, witzigen und grimmigen alten Herrn verstohlen zu lieben.

1954 inszenierte Kortner in München Becketts »Warten auf Godot« mit einer Traumbesetzung (Rudolf Vogel, Ernst Schröder, Heinz Rühmann). Ein »Wunder«, schrieb ich damals, als begeisterter Mitzwanziger, in den *Frankfurter Heften*, und rühmte die atmende Leibhaftigkeit der Aufführung, an die man noch nach Jahren denken werde. Dabei war sie in München gar kein so großer Erfolg. Bei der Premiere gab es Buh und Krach, freilich weniger wegen Kortner als wegen Beckett, und nach gar nicht allzu vielen Aufführungen – kaum 20, wenn ich nicht irre – wurde das »atmend leibhaftige Wunder« dann abgesetzt. So sehen manche Mythen – und Kortners »Warten auf Godot«-Inszenierung wurde später zum Mythos – halt aus der Nähe aus.

1956 brachte Kortner in Frankfurt Max Frischs »Grafen Öderland« heraus. Eine aufregend virtuose Inszenierung – aber ein Uraufführungsmißerfolg fürs Stück. Max Frisch schimpfte damals ein bißchen. Mit berühmten Regisseuren habe man es als Autor nicht leicht: werde es ein Erfolg, dann sei es ein Regie-Erfolg; komme ein Mißerfolg heraus, dann sei der Autor schuld. Nie mehr wollte er eine Uraufführung an Kortner geben – der freilich ein paar Jahre später in Berlin mit Klaus Kammer, dem nun längst Verstorbenen, die weitaus aufregendste Inszenierung von Frischs »Andorra«-Drama herausbrachte, die es überhaupt zu sehen gab. Doch zum begreiflichen Ärger

Kortners mochte Max Frisch, dem sein eigenes »Andorra«-Stück und dessen deutscher Erfolg irgendwie unheimlich geworden waren, Kortners Berliner Aufführung nicht einmal anschauen.

Ich habe nicht vor, nun der Reihe nach alle Aufführungen Kortners Revue passieren zu lassen, alle Theater- und Presse- oder Publikums-Kräche zu analysieren oder auch nur alle guten Anekdoten nachzuerzählen. Das hieße ja, sich vor dem Problem drücken, welches dieses Genie den Verehrern und den Distanzierten damals in den fünfziger und frühen sechziger Jahren ganz gewiß bedeutet hat. Stets gab es Bewunderer von Kortners eminenter Kunst und seiner hinreißenden Intelligenz, die seinem Charme und seiner durchdringenden Originalität gewissermaßen verfielen: sie vertraten und vertreten die Meinung, dieser Fritz Kortner sei überhaupt nicht schwierig gewesen – sondern er habe nur als »schwierig« gegolten, weil er nichts hinnahm: keine Schlamperei, keine Routine, keine ihm ungerecht oder böswillig scheinende Kritik, weder Phantasielosigkeit noch Bürokratie. So wird Kortner zum Helden stilisiert: zum einzelnen, der ein ganzes System an seinem unbedingten Genie mißt, auf diese Weise das System blamiert, widerlegt, aufschreckt – und dann als schwierig gilt.

An diesem schönen Denk-Modell ist einiges Wahre. Aber es umfaßt doch nicht den ganzen Kortner, mit seinem Zorn, seinem wütenden Wirkungswillen, seiner Rechthaberei. Mit seinem manchmal quälenden, manchmal einträglichen Trauma, alles, was ihn ärgere, habe irgendwie auch mit Antisemitismus zu tun. Wenn ich vorher anklingen ließ, auch heute, lange Jahre nach Kortners Tod, sei mir seine Figur nicht völlig deutlich, so will ich das jetzt präzisieren: es gab den hinreißend menschlichen, väterlichen, großvaterstolzen Kortner, den nachdenklichen Erzähler, den Mann, dem im Gespräch immerfort Überwäl-

112

tigendes und wahnwitzig Komisches einfiel, also das Genie einer Epoche. Aber dieser Geniale wurde, wenn er die Bühne roch, wenn er ein Theater betrat, an manchen unseligen Probentagen zum Rasenden, zum Ungerechten. Da wehrten sich dann die Schauspieler; sie schimpften, sie sahen nur noch die Manierismen, die Schwächen seines Tuns. Sogar ein »Club der Kortner-Geschädigten« existierte. Kortner, ein besessener Ankläger von Menschen und Verteidiger von Menschlichem, konnte gallig-despotisch reagieren. Der von ihm benutzte Vorwurf des »Antisemitismus« war ein Produkt aus Angst und Rechthaberei, gewiß. Doch Antisemitismus-Verdacht war für diesen heiklen, großen, alten Mann und *Mimosis* auch ein Mittel, Macht durchzusetzen und weiterarbeiten zu können. Ich habe mich damals erbittert dagegen gewehrt mit dem Satz, die Opfer in Auschwitz seien nicht dafür ermordet worden, daß Kortner jetzt lauter gute Kritiken bekomme, auch für Aufführungen, die halt nicht ganz gelungen waren, wie zum Beispiel jene quälend langsame Darbietung von »Dantons Tod«, in welcher Büchners Revolutionsdrama so verhemmt und stockend über die Bühne ging, als hätten Danton, Robespierre und Saint-Just höchstens einen deutsch-romantischen Traum vom Aufstand geträumt, aber keineswegs in der Tat die wichtigste Revolution der Weltgeschichte gemacht. Vielleicht wollte Kortner den leisen Ekel zeigen, der den Tatmenschen nach einer Tat befällt, die so furchtbar-unabsehbare Folgen hat. Doch wahrscheinlicher ist, daß damals, 1959, sein Altersstil einsetzte – der auch ganz außerordentliche Ergebnisse zeitigen sollte, wie eine unermeßlich märchenhaft-zauberische Wiedergabe des erstes Aktes von Büchners »Leonce und Lena«, wie herrliche, leise Strindberg-, Ibsen- und Lessing-Vergegenwärtigungen. Fritz Kortner haßte alle Schönrednerei, alles Opernhafte im Sprechtheater (und er ging seinerseits ungern oder nie in die Oper, weil ihm die Gesten der Opernsänger zu verlogen vorkamen – so groß war sein Realismus, seine Wirklichkeits-Treue). Falsches Schönheitspathos entlarvte er mit eindringlichem Beispiel. Wenn Faust fleht: »O sähst du, voller Mondenschein, / zum letztenmal auf meine Pein«, dann bedeute das, so Kortner, für jeden konventionellen Schauspieler Lyrik, weil das Wort »Mond« aufscheint. Es handele sich in diesen Versen aber nicht um Mondschein-Lyrik, sondern um einen Schrei nach dem Tod – sähe doch der Mond Fausts Pein zum letzten Mal! Aber dergleichen werde von schlechten Barden, laut Kortner, »unverstanden sprechgesungen«.

In solchen und tausend anderen Fällen hatte Kortner schlechthin recht. Wenn er aber »Richard III.« von Shakespeare so zu Ende gehen ließ, als sei das Königsdrama ein blutbesudeltes Anti-Kriegs-Stück und nicht zugleich ein Werk, in dem Shakespeare demonstrativ vorführt, daß auf diesen verbrecherischen König wieder große englische Königsgestalten des Tudor-Mythos folgen – dann hatte er nur zum Teil recht. Wir wissen heute vielleicht besser, wie schlimm Kriege sein können, als Shakespeare es in diesem Drama wußte oder wissen wollte. Daß indessen Shakespeare im englischen Königtum auch eine historische Kraft sah und nicht nur eine absurde Folge von bluttriefenden Mördern, bedarf wohl kaum des Beweises. Da »übertyrannte« Kortner, aus guten Gründen, die Tyrannen, da nahm er eine von Shakespeares gedichteten Voraussetzungen nicht an. So gab es Skandale. Und es machte (mir) auch Spaß, Kortners Totalitäts-Anspruch nicht einschränkungslos hinzunehmen…

Mit alledem lehrte er uns lesen, genau hinsehen, nachdenken. Es gab keinen Theatermenschen während jener großen Jahre, da Kortner in München, Wurzerstraße lebte, da er in den »Vier Jahreszeiten« saß und an seiner kalten Zigarre zog, da er inszenierte oder grollte – es gab nie-

manden, der nicht tief berührt und geprägt war von der Begegnung mit Kortner, mit seinen Schöpfungen, Ansichten und Ansprüchen. Alles, was von ihm kam, was ihn betraf, was er wollte und erreichte, war aufregend, hochexplosiv. Seine Leidenschaft des Durchdringens war ohne Maß. Es war eine Leidenschaft, die nicht allein auf das Ergebnis des Durchdringungsprozesses zielte, sondern genauso darauf, in keinem Augenblick um des lieben Friedens oder vorsichtiger Beschwichtigung willen nachzugeben. Er wollte Machtverhältnissen – sowohl in der Seele des einzelnen wie in der Gesellschaft – nachspüren, so weit, bis er auf Widerstand stieß; und diesem Widerstand wollte er dann etwas abgewinnen oder ihn brechen. Er war ein politischer Kopf und ein Künstler, der nicht bequem lebte und es sich nicht bequem machte. Kein Wunder, daß Günter Grass ihn in einem großartigen Gedicht als »König Lear« sah, den Kortner übrigens gegen Ende seines Lebens nicht etwa spielen – sondern inszenieren wollte: mit Gustaf Gründgens in der Hauptrolle. Als »Rappelkopf« in Raimunds Komödie »Alpenkönig und Menschenfeind« hatte Gründgens einst Kortner in Düsseldorf unvergeßlich heiter-verbissen inszeniert – von damals stammt auch Gründgens' vielzitierter Satz: »Herr Kortner, wenn ich Sie bitte, während der Probe nach links zu gehen, dann ist das nicht antisemitisch gemeint…«
Obwohl Kortners Ruhm keine Grenzen zu kennen schien, bekam er auch gegen Ende seines Lebens nicht die Chance, sich und uns einen Lieblings-Wunsch zu erfüllen, nämlich Goethes »Faust II« zu inszenieren. Die Intendanten befürchteten, vielleicht nicht ganz grundlos, ein allzu riesiges, unabsehbares Chaos, wenn der schwierige, langprobierende Kortner dieses Riesenwerk produzieren würde. Lieber bot man ihm Stücke mit wenigen Personen an – man wußte ja, daß er das Regieführen erst spät praktisch erlernt hatte und traute ihm Mammut-Unterneh-

mungen nicht zu. Ende der sechziger Jahre wollte also Kortner – und es wäre bestimmt aufregend geworden – dem deutschen Theater eine »Faust II«-Inszenierung schenken. Die Intendanten weigerten sich im Chor. Kortner reagierte bitter. »Den ›Faust II‹ «, sagte Fritz Kortner zu mir, »den ›Faust II‹ würde ich sogar für Hitler inszenieren.« Dann ließ er allerdings eine fabelhaft theatromane Einschränkung folgen: »Wenn ich keine Striche machen müßte.« So konnte er sein eigenes Schicksal als Hitler-Opfer sogar noch ironisieren, um zu zeigen, wieviel ihm an Goethes Größtem lag.

Mit den Intendanten, seinen Brotgebern oder Verhinderern, verband ihn eifernde Haßliebe. Da fielen ihm herrliche Schimpfworte ein. Einmal, als er den einstigen Residenztheater-Intendanten Henrichs heftig geschmäht hatte, nahm ich Kortners Opfer in Schutz und sagte, bei allem, was sich vielleicht gegen Henrichs einwenden lasse, ein »Antisemit« sei dieser hochanständige Theaterchef nun aber bestimmt nicht. Darauf Kortner: »Nein. Ein Antisemit hat ein Ziel. Ein Antisemit weiß, was er will. Ein Antisemit muß jemand sein. Henrichs ist kein Antisemit.«

Dann schaute er zu seiner Frau, die voll unseliger Sorge diesen unvernünftigen Ausfall mitangehört hatte, und knurrte schlechten Gewissens, aber zufrieden: »Nun hab' ich's doch gesagt.« Was für ein Kerl! Was für ein Format! Wir werden nimmer seinesgleichen sehen.

Wie originell und zwingend dieser Theatermann als Inszenierender denken konnte, mögen zwei Beispiele illustrieren. In Strindbergs Stück »Fräulein Julie« geht es um folgendes: Eine 25jährige Gräfin, die mit einer gerade schiefgegangenen Verlobung fertig werden muß und überdies dazu neigt, in ihren kritischen Tagen die Selbstkontrolle zu verlieren, wird von dem gutgewachsenen Bedienten Jean verführt.

Daran ist eigentlich nichts Aufregendes. Der Diener Jean benimmt sich zuerst vorsichtig, dann herausfordernd, er ist ein Möchtegern-Aufsteiger. Mit Fräulein Julie indessen geht's bergab. Klarer Fall. Eine ziemlich verstaubte, bedeutungslose Geschichte. Kortner las sie anders. Er zeigte: während Standesunterschiede normalerweise die Menschen trennen, wird bei Strindberg und in dieser Inszenierung der gesellschaftliche Abstand zur Motivation des erotischen Geschehens! Die Gräfin, Fräulein Julie also, ist hochmütig, fast grausam und so durchdrungen davon, sich in einen Domestiken eigentlich nicht verlieben zu können – daß sie sich, sozusagen, auf die Affäre einläßt, weil bestimmt nichts passieren wird. Nicht sein kann, was nicht sein darf. (Wenn überhaupt, ersehnt sie ihren »Fall« unbewußt.) Auch die Verlobte des Dieners sieht die Sache so: eifersüchtig wäre sie nur auf Mädchen ihresgleichen. Kortner hat also, bei Fräulein Julie, eine fatale Mischung aus individueller Süchtigkeit und gesellschaftlich gegebener, objektiver Selbstsicherheit zum Angelpunkt der Tragödie gemacht. Und er hat inszeniert, wie die Unterdrückten wiederum angewiesen sind auf Ordnung, Herrentum, Würde und Obrigkeits-Respekt. So hat er gezeigt, daß eine vermeintlich altmodische Strindberg-Geschichte Allermodernstes wie die »Zofen« von Genet vorwegnimmt und mit der Herr-und-Knecht-Dialektik von Hegel zu tun hat.

Auf solchem Niveau fand bei ihm Theater statt.

Die berühmteste Rolle dieses großen Juden aber war doch der Shylock, Shakespeares finsterer Wucherer aus dem »Kaufmann von Venedig«. In Berlin spielte Kortner die Figur 1927. »Es gibt in Deutschland keinen Sprecher«, schrieb damals Alfred Kerr, »der das Wort von dem blutenden Menschen, wenn man ihn sticht, so hinreißend, so einfach, so dringlich, so erlebensvoll herausbringt wie dieser Kerl... Eine Menschenleistung hat

117

man erblickt. Fürs Leben... Ich sah keinen, der ihm gleicht.«

1965 hat dann Kortner für den Film-Regisseur Syberberg noch einmal den Shylock gesprochen. Auch eine Fernsehinszenierung des Stückes von Otto Schenk mit Kortner als Shylock existiert. Bei Kortner begreift man: Shylocks Zusammenbruch ist nichts Geringeres als die Tragödie eines enttäuschten Gottvertrauens. Kortner führte den Shylock vor als jemanden, der sich in seinem Rache-Anspruch anfangs von seinem Gott bestätigt glaubt – weil ja Antonios Schiffe tatsächlich zunächst wunschgemäß untergehen: darum hegt dieser bittere, ungestüme, wilde Jude die Überzeugung, Gott helfe ihm, endlich dürfe er sich an allen Demütigungen, die er seitens hochmütiger Christen erfuhr, rächen.

Kortners Shylock betritt also den Gerichtssaal in der Überzeugung, daß »Gott mit ihm ist«. Shylock vertraut seinem religiösen, von Gott bestätigten Recht zur Rache. Wenn dann aber, infolge eines »christlichen Drehs«, alles doch so ungeheuerlich anders ausgeht, als Shylock wollte, dann verhüllt Shylock sein Haupt. Gott hat ihn verlassen. Dieser Zusammenbruch einer Rache und eines Glaubens reicht über alles nur Private unendlich hinaus...

Kortner verdeutlichte manchmal zu sehr, die Gesten kamen zu heftig, da war eine fast wollüstige Erotisierung des Verhältnisses zwischen dem Menschen, der Hand und den Sachen. Des regieführenden Kortner Schauspieler machten das – unwillkürlich – nach; sie redeten oft fast komisch ähnlich in seinem Tonfall. Dann merkte man, um wie vieles authentischer der gestische Überschuß beim alten Kortner selber gewirkt hat – wenn er das Beckett-Stück »Krapps letztes Band« vorführte oder wenn er zeigte, daß große Schauspieler mit dem Rücken mehr sagen können als andere mit ungehemmtem Grimassieren.

Daß dieser Künstler von Kritikern wenig hielt, braucht wirklich nicht ausgeführt zu werden. (Nur Herbert Ihering schätzte er.) Er hat einmal gefordert, man solle die Kritiker selbst dann nicht ernstnehmen, wenn sie einen loben.

Er bediente sich auch gern eines wunderhübschen Beispiels dafür, wie schwierig es sei, die stets eitel-selbstgefälligen Kritiker zu korrigieren. Der berühmte Alfred Kerr machte damals, im alten Berlin, Kortners Shakespeare-Begeisterung nicht mit. Kerr schwärmte für die Realisten, für Ibsen und Hauptmann. Shakespeare war ihm irgendwie zu rückständig, zu blutig. So hat Kerr oft gegen die gehäuften Grausamkeiten Shakespeares protestiert. Darüber seien wir Modernen doch wohl ein wenig hinaus. Soviel Fürchterliches käme ja, Gott und der Zivilisation sei dank, im fortschrittlichen, raubritterlosen Berlin eigentlich nicht mehr vor. Später, nach Beginn der Nazi-Ära, trafen sich Kerr und Kortner, beide emigriert, wieder. Die Welt der Konzentrationslager existierte, ein erdumspannender Krieg herrschte. Kortner korrigierte Kerr. Shakespeare habe doch vielleicht nicht so unrecht gehabt. Danach sagte er, und er erzählte diese Geschichte oft, mit leisem Schmunzeln: »Also, ich konnte etwas für Shakespeare bei ihm tun.« Nun, wir standen in größerer Runde zusammen, fiel sein Blick wie zufällig auf mich, und er fügte hinzu: »Ich wollte, man könnte jeden Kritiker mit geringerem Aufwand widerlegen.« Ein unvergeßlicher Satz des alten Kortner. Weil er der leidenschaftlichste Theatermann war, dem ich je begegnet bin, scheint es keineswegs unpassend, daß Kortner sogar ein Geschehen wie den Zweiten Weltkrieg als einen Riesenaufwand bezeichnete, vom Schicksal veranstaltet vor allem deshalb, damit Kritiker widerlegt werden können.

Arthur Rubinstein

Arthur Rubinstein, 1887 in Lodz geboren, starb im Dezember 1982, als 95jähriger, in der Schweiz. Rubinstein war klein. Er hatte aber einen großen, markanten Kopf; Augen, die oft sprühend witzig dreinblickten und manchmal wunderbar ernst. Er hatte fabelhafte Klavierhände, die unglaubwürdigerweise folgenden Vorzug besaßen: fürs Klavierspiel ist doch der kleine Finger sowohl der rechten wie der linken Hand am wichtigsten. Rechts als Melodieträger, links für die Grundgewalt des Basses. Bei Rubinstein war nun auffallenderweise dieser wichtige kleine Finger – fast so lang wie der Mittelfinger!
Rubinstein hat sich schon 1914 geschworen, niemals mehr in Deutschland zu musizieren. Er war zu Anfang des Ersten Weltkriegs bitter enttäuscht vom wilhelminischen Deutschland. Weil er nun aber die deutsche Kultur, die deutsche Musik und die deutsche Literatur unendlich liebte, weil Berlin eine schicksalbestimmende Station im Leben des jungen Arthur Rubinstein gewesen war, darum schlug also große Liebe um in genauso große Verbitterung. Übrigens hielt sie nicht an; der alte Rubinstein wandte sich mehr und mehr gerade den deutschen Komponisten zu. Von den Spaniern, auch von Tschaikowsky hielt er längst nicht mehr soviel. Aber, so sagte er, er

müßte doch sich selbst verachten, wenn er einen einmal geleisteten Eid so einfach bräche.

Freilich war der hochbetagte Mann gerade für uns Deutsche – auch für die Welt, die ihn liebte und rühmte – schon zu Lebzeiten so etwas wie eine Legende, ein Idol. Jahrzehntelang galt er, neben und über dem so ganz anders gearteten Horowitz, als der berühmteste Pianist der Welt und als glücklicher König des Klavierreiches.

Man kannte natürlich seine Platten, man erwartete von seinen Klavierabenden viel. Und doch traf es jeden musikalischen Menschen, der zum erstenmal ein Rubinstein-Konzert besuchte, wie ein Schlag, wenn Rubinstein begann. Der Flügel sang, wie er sonst niemals singt. Rubinstein war ein Orpheus des Klaviers. Ich habe berühmte deutsche Pianisten, die zum erstenmal einem Rubinstein-Konzert beiwohnten, erschrocken-gerührt ihre Tränen wegwischen sehen. Und ich schätze mich glücklich, Rubinstein selber oft gehört und auch oft und ausführlich mit ihm gesprochen zu haben.

Natürlich interessierte es jeden Zuhörer, wie denn Rubinstein diesen wunderbaren Klavierton produziere. Seine Antwort auf diesbezügliche Fragen: er wisse es nicht. Er liebte nur eben die Musik sehr; er machte bis zu seinem Ende immer neue Erfahrungen, war neugierig, erstarrte nicht, konnte sich auf seine Vitalität und seine Fähigkeit zum Glücklich-Sein verlassen. Übrigens wahrlich auch auf sein Talent. Für diesen Rubinstein ist Musik, über die er sich selten theoretisch geäußert hat (man mußte ihn dann ganz gezielt fragen), Glück gewesen und eine Selbstverständlichkeit. Wenn er ein paarmal die Noten eines ihm unbekannten Stückes sorgfältig durchlas, dann konnte er es sein Leben lang auswendig. Der Cellist Piatigorsky hat sich daran erinnert, daß Rubinstein die Brahmssche F-Dur-Cello-Sonate Opus 99, die man gemeinsam spielen wollte, nicht kannte, aber im Flugzeug

121

zwischen New York und Kalifornien so selbstverständlich auswendig lernte, daß Rubinstein sie dann tiefer und besser beherrschte als Piatigorsky, der den Cello-Part ein Leben lang gespielt hatte...

Rubinstein sagte: »Von Kindheit auf habe ich Musik in mir so selbstverständlich gespürt wie das Schlagen meines Herzens und das Atmen... Nicht nur bin ich mit Musik geboren wie mit einem sechsten Sinn, ich bin auch mit einem Erinnerungsvermögen beschenkt, das mich befähigt, jedes Klavierstück auswendig zu spielen, wenn ich die Noten zwei-, dreimal gelesen habe.« Was für ein Talent! Auch Walter Gieseking besaß es, dank der Methode Leimer-Gieseking. Rubinstein hat mir einmal erzählt, wenn ihm eine Brahms-Symphonie durch den Kopf gehe und plötzlich das Telefon klingle, so daß er zehn Minuten telefonieren müsse, dann sei, nachdem er den Hörer aufgelegt hat, in seinem Bewußtsein die Brahms-Symphonie zehn Minuten weiter. Musik bewegte sich also wirklich selbständig in ihm, gleichsam ohne sein bewußtes Zutun.

Dieser Mensch, der offenbar nie müde wurde, dessen Vitalität so unermeßlich schien, daß Thomas Mann ihn einen glückhaften Virtuosen nannte, war aber nicht nur ein Ästhet. Ivan Nagel hat einmal gesagt, Rubinsteins Höchstes sei der Genuß der Schönheit gewesen, einer Schönheit, die von Menschen gemacht worden ist und die sogar in Momenten stillster Versenkung immer auch Selbstgenuß des Menschen Rubinstein war. Solcher Selbstgenuß sei wohl die freundlichste, ausgeglichenste, glückhafteste Variante jener jüdischen Selbstbeobachtung und Hypochondrie, die in gebrocheneren, rebellischeren großen Juden wie Schönberg oder Adorno oder Marcuse oder Bloch sich zu revolutionären Konzepten verdichtete.

Die Schönheit des Rubinsteinschen Musizierens war mehr als nur ein ästhetisches Ideal. Sie war kein bleiches

Klassizisten-Idol, keine nett-akademische Symmetrie; die Schönheit Rubinsteinschen Musizierens war eine herausfordernde Schönheit, eine originelle Schönheit, eine wahrhaft polnische Schönheit, geprägt vom wilden Charisma seines Vaterlandes, wo die berühmteste Madonna schwarz und keineswegs blaß ist, wo die Männer lebenslustig-unbesonnen, risikobereit handeln und keineswegs vorsichtig-feige... Rubinstein ist ein stolzer Pole gewesen. Als er 94 Jahre alt war, 1981, da zitterte die Welt um Polen, um die Gewerkschaft »Solidarität«, um das Schicksal dieses kleinen, tapferen Landes. Rubinstein indessen versicherte stolz: »Die Polen werden nicht untergehen.« Herausfordernd fügte er hinzu: »Ich werde bei ihnen meinen 100. Geburtstag feiern.« Nun, diesen 100. Geburtstag hat er leider nicht mehr erlebt. (Aber Polen ging auch nicht unter.)

Zu Rubinsteins Lebensleistung gehört – neben seinem wunderbar freien, unverschwitzten Brahms-Spiel –, daß er uns einen männlich-stolzen Chopin schenkte. Seinerzeit, als man Chopin zu einem süßlichen, weichlich-weiblichen Rubato-Komponisten feiner Pariser Salons beförderte oder entstellte, muß das revolutionär gewirkt haben. Rubinstein stellte die Königswürde der Chopinschen Musik wieder her. Er war der Ansicht, daß man beim späten Chopin, bei der h-Moll-Sonate Opus 58 oder bei der Polonaise-Fantasie Opus 61, doch ein wenig nachhelfen müsse. Diese Werke seien formal schon etwas brüchig; der Pianist müsse da die Architektur überlegen unterstützen und bestärken. In Chopins frühen Werken hat sich Rubinstein hingegen rückhaltlos der Wildheit und der Kraft dieser Musik hingegeben. Der Mittelteil von Chopins erstem Scherzo Opus 20 ist eine wunderbar lyrische H-Dur-Melodie, eine Anspielung auf ein polnisches Weihnachtslied über das kleine Jesulein. Diese Melodie, die Rubinstein betörend spielte, ohne je süßlich zu wer-

123

den, diese Melodie versinkt am Ende in pathologische Finsternis, und dann braust wieder das h-Moll-Scherzo-Presto los bis hin zu einem wahnsinnigen wüsten Forte-Fortissimo-Schluß.

Um des Schwunges willen nahm Rubinstein durchaus auch ein paar falsche Noten in Kauf. »Ich bin der letzte große Falschspieler«, hat er lachend gesagt. Als Rubinstein dieses h-Moll-Scherzo in New York spielte, kam der Kollege und Konkurrent Horowitz ins Künstlerzimmer. Die beiden mochten sich wohl wirklich nicht sehr gut leiden. Rubinstein sagte freundlich zu Horowitz, er beneide ihn um die wunderbaren Hände. Doch Horowitz antwortete generös, wer das h-Moll-Scherzo so spielen könne wie Rubinstein, der brauche sich wegen seiner Hände und seiner Technik wirklich keine Sorgen zu machen.

Rubinstein hat es gerade wegen seines übergroßen Talents am Anfang seines Lebens schwer gehabt. Ein großes Talent ist nämlich auch eine große Versuchung, eine Gefahr. Der junge Rubinstein, dem alles so leichtfiel, übte kaum. Er konnte als Wunderkind in Berlin glänzen, konnte bereits mit 19 Jahren seine erste Amerika-Tournee machen, die ein großer, schöner, aber eben doch nicht eindeutiger Erfolg wurde. Als Rubinstein verzweifelte, unternahm er sogar einen Selbstmordversuch, den er später heiter geschildert hat. Doch wie groß muß das Unglück sein, wenn ein junger Bursche sich aufhängen will!

Rubinstein spielte als junger Mensch nicht völlig exakt, sondern schwungvoll und sprühend. In Amerika hat ihm das geschadet, auch bei seinem zweiten Tournee-Versuch im Jahre 1919. Wieder glückte es nicht ganz. Daß er keineswegs alle Passagen akkurat ausspielte, nahmen ihm hingegen in Südamerika die Argentinier und Brasilianer, die seinen Schwung liebten, nicht so übel. Während der zwanziger Jahre triumphierte Arthur Rubinstein also nicht in New York, später jedoch in Paris. Dann heiratete er. Mit fünf-, sechs-, siebenundvierzig Jahren übte Rubinstein sein ganzes Repertoire noch einmal höchst seriös ein; seine Kinder sollten nicht sagen, aus unserem Vater hätte ein großer Pianist werden können, wenn er sein Talent wirklich ernsthaft gepflegt hätte.

Seine dritte Amerika-Tournee wurde endlich zu einem überwältigenden Erfolg. Nun war Rubinstein der berühmteste, meistgefeierte Pianist der Erde. Übrigens redete der alte Herr gern seinen Bewunderern ein, er habe vor 1937 gar nicht gut Klavier gespielt. Unsereins hat ihm das sogar, ein wenig naiv, geglaubt, weil es so voller Selbsterkenntnis und Selbstironie gesagt wurde. Mittlerweile jedoch sind einige alte, historische Rubinstein-Aufnahmen auf den Markt gekommen. Wenn man sie hört, merkt man: der konnte immer sehr gut Klavier spielen. Talent ist nicht eine Sache, die einem erst mit 47 zufällt. Doch da Rubinstein nie erstarrte, da er immer bereit war, seine eigenen Auffassungen und Aufnahmen langweilig zu finden, da er immer wieder neue machen wollte, wuchs seinem Spiel späterhin ein fast unendlicher Reichtum zu. Im Jahre 1974 gab der 87jährige in Zürich ein Konzert: Während eines nachmittäglichen Symphoniekonzerts wollte er Mozarts d-Moll-Klavierkonzert und danach Beethovens Es-Dur-Klavierkonzert, zwei Gipfelwerke ihrer Gattung, vortragen. Als ich ihn anrief, um ein Gespräch zu erbitten, antwortete am Telefon eine tiefe, slawische Stimme in sonorem Deutsch. An diese Stimme wurde ich später, und das ist wahrlich nicht blasphemisch gemeint, wieder erinnert, als der polnische Papst in München sprach: Der hat auch diese tiefe, männliche, polnisch getönte deutsche Ausdrucksweise. Rubinstein freilich machte gleich einen Witz. Er lud mich ein, und dann scherzte er: »Was Sie über mich in Ihrem Pianistenbuch geschrieben haben, war ja wunderbar zu lesen. Ich mußte oft erröten. Aber es ist ja alles gar nicht wahr.« Da hatte ich's. Auf der einen Seite ein Kompliment, auf der anderen eine Einschränkung, die aber auch reine Bescheidenheit des Künstlers bedeuten konnte.

Wie verhält sich ein Meister seines Fachs vor einem Konzert? Mozarts d-Moll-Klavierkonzert hatte Rubinstein ja schon als Wunderkind in Berlin gespielt. Nun, gut 75 Jahre später, trägt er es also in Zürich vor. Da kann doch nichts passieren, und er wird kaum nervös sein. Aber der Meister wirkt keineswegs gelassen, selbstsicher, während er im Künstlerzimmer wartet. Sondern aufgeregt. Man solle die Tasten besprühen, anfeuchten, verlangt er nervös, vor allem die schwarzen. Denn seine alten Finger blieben allzu trocken (während die anderer Pianisten leicht ins Schwitzen geraten). Der Assistent soll also feucht, doch nicht zu feucht die Tasten besprühen, aber wiederum auch nicht zu wenig feucht – der Arme kann es eigentlich nur falsch machen. Ich hatte gedacht, der Altmeister würde lässig, heiter, eine Zigarre rauchend, im Künstlerzimmer sitzen. Von wegen... Übrigens machte Rubinstein am Anfang des d-Moll-Konzerts dann wirklich doch einige Fehler. Man hörte seine Nervosität. Auch Frau Aniela Rubinstein zitterte ganz hübsch mit bei den Abenteuern, die ihr 87jähriger Mann auf dem Podium zu bestehen hatte. Rubinstein erleichterte sich nichts; er verteilt riskante Sprünge keineswegs auf beide Hände, er nimmt um der Spannung willen falsche Töne in Kauf. Schon das erste, große Solo erinnert durchaus nicht ans so unverbindliche, perlend-spitze Mozart-Geklimper. Das klingt vielmehr männlich, mächtig und groß. »Wissen Sie, die Franzosen«, wird Rubinstein in der Pause später sagen, »die lieben den stilisierten, den getupften, den spitzen, rokoko-puppenhaften Mozart. Aber Mozart war doch kein Päderast...« Das Gesangsthema artikuliert Rubinstein empfindsam und frei. Er wird gar nicht so sehr viel langsamer, man hat den Eindruck von Ruhe, Innigkeit und organischem Zusammenhang. In der Romanze singt dann der Flügel, und der letzte Satz erklingt mit atmender Freiheit und wunderbarem Charme.

Während der Pause machen die Wächter und Getreuen vor Rubinsteins Künstlerzimmer betretene Gesichter. Ganz zusammengebrochen sei der alte Herr vom Podium gekommen, ganz aufgelöst, tränennah, verwirrt. Respektvoll und ängstlich läßt man Frau Rubinstein zu ihm hinein. Nach ein paar Minuten werde ich doch dazugebeten, und Rubinstein sagt, ganz ohne Pose, erschüttert und erschütternd, es geht ihm, seit er alt ist, halt jedesmal so zu Herzen, wenn er dieses Konzert spielen darf. Vor Beethoven hat er weit weniger Angst...

Was er dann aus dem Es-Dur-Konzert herausholt – der triumphierende, aggressive Schwung, mit dem er sich in die Oktaven-Passagen der Durchführung des Kopfsatzes stürzt, die stolze Sicherheit, mit der er allen Virtuositätsanforderungen gerecht wird, mehr noch die Freiheit für Wienerisch-Walzerhaftes, die er im letzten Satz für manche Episoden findet: ganz so hat er das – wie oft auch dieses Konzert von ihm schon zu hören war, auf Platten oder leibhaftig – doch noch nie gemacht. Es ist wieder neu, anders, lebendig.

Beifall, Beifall, Beifall. Er verbeugt sich immer wieder, will aber wohl doch nichts zugeben. Und dann – eben saß er noch, von Mozart um alle Fassung gebracht, im Künstlerzimmer – wandelt sich der vermeintlich Heilige in einen vermeintlichen Clown. Fragend weist er auf den Flügel – man wolle doch nicht etwa noch etwas von ihm hören? Enorm überrascht begreift er: Man will. Seine Antwort: Chopins heroische As-Dur-Polonaise. Ein todkranker Komponist hat dieses Hohelied ritterlich-romantischer Lebensbejahung mit ein paar schmerzlich verschwiegenen Melancholie-Nischen geschrieben. Jetzt spielt der 87jährige die Polonaise als donnernden, großen Sturm. Keine wohltrainierten Finger, sondern mitreißende Fülle.

Zwanzig Minuten später, in der Hotelhalle, scheint er strahlender Laune. Kein Wunder. Auf einige neue Nuancen seiner Interpretation des Beethoven-Finales und der Chopin-Polonaise hingewiesen, antwortet er: »Das habe ich von Picasso gelernt.« Picasso? – wundere ich mich: Ja, mit dem sei er befreundet und monatelang zusammengewesen. Als Picasso einmal viele Wochen das gleiche Motiv malte, habe er ihn gefragt, warum er sich denn dauernd wiederhole. »Du Idiot!« antwortete Picasso, »man kann sich gar nicht wiederholen. Das Licht verändert sich, ist nie gleich, ich verändere mich immer und bin nie gleich.«

So spricht er – ein Künstler, der eben reiner, elementarer, kräftiger empfindet als die meisten anderen armen Erdenbürger. Wir essen Spargel, das ist wohl für die Zähne eines Hochbetagten besonders angenehm. Champagner. Rubinstein hat an dem Tag eine Probe absolviert, mehrere Klavierkonzerte gespielt, er ist 87. Doch um 2 Uhr in der Nacht wurde nicht er ein wenig müde – sondern leider ich. (Ich war damals 47.) Rubinstein verstand das nicht. Schwächliche junge Leute. Wir blieben also bis vier Uhr in der Früh zusammen, auch die Gattin hatte sich entfernt. Und er erläutert mir, warum er Schumann immer mehr liebe, warum er früher falsch aufgeregt gewesen war, als er die Appassionata spielte, warum die Oktaven der Waldstein-Sonate nicht im Glissando genommen werden dürfen, die Oktaven der Brahmsschen Paganini-Variationen aber durchaus – und was er alles erlebte mit Strawinsky, mit dem Cellisten Casals, den er nicht mochte, mit dem Geiger Heifetz, der ihm zu schnell spielte, mit dem Tänzer Nijinski, der ihn in Verlegenheit brachte.

Kein Augenblick, ohne daß Wildfremde herbeieilen, den Meister ansprechen und ihn um ein Autogramm bitten, auch nachts um zwei. »Diese Menschen«, sagt Rubinstein, und er scheint es ernst zu meinen, »vergiften mein Leben. Was haben sie nur von dem geschriebenen Namen?« Übrigens müsse er jetzt doch etwas kürzer treten. Nur eben übermorgen Madrid, die Appassionata, dann allerdings noch ein Konzert in Barcelona, zwei Wochen später beide Schubert-Trios für die Schallplatte mit Szeryng und Fournier.

Ja, der alte Rubinstein sprach gern. Wie oft habe ich es erlebt, daß er leise etwas Dankbares dem Publikum zuflüsterte, in den Beifall hinein. Er selbst nannte sich »den größten Schwätzer des Jahrhunderts«. Als er den berühmten Film sah, den Reichenbach über ihn und seine »Lebensfreude« gemacht hat – es ist ein Film, der einen vitalen, munter plaudernden und Klavier spielenden Rubinstein vorführt –, da wäre er »am liebsten weggelaufen«. Sein Fazit: »Ich hörte mich Albernheiten sagen und ziemlich schlecht spielen.«

Chopin, Brahms, Beethoven, Schubert – und vor allem Mozart waren die Götter seiner letzten Jahre. Der alte Herr sah schließlich nicht mehr gut. Er wurde nicht blind, aber er verlor die Kontrolle über seine Augen, konnte nicht mehr blicken, wohin er wollte, was ihn aber, so scherzte er, nicht störte, falls er hübsche Frauen doppelt sähe. Das letzte Mal begegnete ich ihm, dem 92jährigen, im Jahre 1979 in Paris. Das war bei der von Chéreau inszenierten und von Boulez dirigierten »Lulu«-Oper von Alban Berg. Rubinstein, lebhaft, aber doch ein wenig verfallen, das Gesicht voller Altersflecken, erklärte seinen Bewunderern und allen jenen Franzosen, denen Alban Bergs Expressionismus seltsam vorkam, wie ungeheuer deutsch dieser Wedekind sei, an den er sich noch aus seinen frühen Berliner Jahren erinnere. Wie deutsch der Expressionismus Alban Bergs. So stand der alte Herr da wie ein greiser Prophet aufregend großer deutscher Kunst mitten in Paris.

Friedrich Torberg

Friedrich Torberg, der im November 1979 starb, ist ein brillanter, selbst im Witz weiser jüdischer Schriftsteller gewesen, ohne Zweifel Österreichs berühmtester, viel bewunderter, heftig auch angefeindeter, aber eben doch weitaus prominentester Publizist seit 1945. Ich habe ihn lange gekannt, bewundernd geliebt, einst viel mit ihm gestritten, ihm geradezu süchtig zugehört. Niemand konnte besser erzählen als er. Es gab und gibt sie – die alten Wiener Juden, wie Friedrich Torberg, oder die alten Berliner Originale, wie der unvergessene Münchner Schriftsteller und Kritiker Walter Kiaulehn... die zwar bestimmt trefflich zu schreiben vermochten, aber noch viel, viel besser und ganz unschlagbar waren, wenn sie erzählten. Zum Erzählen wie zum Zuhören ist eine ganz bestimmte Kultur nötig, die hoffentlich nicht ausstirbt. Nämlich die Kultur der Muße, des Zeithabens, der Gemütlichkeit. Während man im Restaurant sitzt oder im Café oder in einer Privatwohnung bei einem Glas Wein – dann darf, wenn die Erzählzeit, die Anekdoten-Stimmung, die Erinnerungs-Beschwörung beginnt, eben keiner dabei sein, der immerfort verstohlen auf die Uhr schaut, der eigentlich noch was erledigen müßte, der Rastlosigkeit verbreitet, weil er die Würde und die Unwiederholbarkeit des heiter erfüllten Augenblicks nicht zu erkennen, nicht zu schätzen vermag. Der, kurz gesagt, »ungemütlich« ist. Torberg war sehr fleißig, notfalls eminent boshaft, parteiisch auch – es wird noch ausführlich davon die Rede sein –, aber ungemütlich, rastlos, spielverderberisch, anekdotenkillend gar, das war er nicht. Ich werde nie vergessen, wie er einmal – in München, im Restaurant »Vier Jahreszeiten« – mit seinem Todfeind Fritz Kortner zusammensaß und plauderte. Diese beiden genialischen alten Juden haßten sich aus Herzensgrund, aus heftigen politischen Motiven, hatten übereinander öffentlich schon viel Galle-Bitteres geäußert. Aber jetzt saßen sie in den »Vier Jahreszeiten« und plauderten und strengten sich sogar an dabei – denn jeder von ihnen war ja davon überzeugt, daß der andere zwar eine häßliche Seele, aber eben doch verdammt viel Format habe. Und darum redeten die beiden hinreißend.

Um nun ein bißchen konkreter klar zu machen, wer und wie dieser Friedrich Torberg war, müßte ich eigentlich von vorn anfangen: also berichten, daß Torberg in Wien geboren wurde, 1908, daß sein Vater ein wohlhabender Fabrikant war, daß Torberg in Prag auf die Schule ging, dort beim ersten Anlauf durchs Abitur fiel (es erst bei der Wiederholung bestand, falls das nicht eine Legende ist) und als Rache an den Entwürdigungen, die er in seiner Pennäler-Zeit durchlitt, »Der Schüler Gerber hat absolviert« schrieb, einen Roman, der einen Schüler-Selbstmord zum Thema hat, der den jungen Autor gleich bekannt machte und übrigens noch Jahrzehnte später in Neuauflagen sowie einer sehr ordentlichen Verfilmung die Gemüter zu bewegen wußte. Darüber hinaus wäre klarzustellen, daß Friedrich Torberg keineswegs Friedrich Torberg hieß, sondern vielmehr ursprünglich einen Doppelnamen trug. Er hieß eigentlich Friedrich Kantor-Berg. Doch um zu einem Schriftstellernamen zu kommen, strich er die erste Silbe. So wurde aus dem Kantor-Berg halt ein Torberg. Berühmt ist denn auch die Anekdote, derzufolge eine deutsche Dame, die das alles nicht wußte, sich vom nordischen Klang des Namens Torberg zu der Frage bewogen fühlte, ob denn der Herr Torberg, der nun wirklich ein hinreißend typischer Wienerischer-Prager Jude war, ob also der Herr Torberg von den Schweden abstamme. »Ja«, antwortete Torberg heiter, »meine Vorfahren waren Schiffsrabbiner bei den Wikingern.«

Bei diesem Torberg-Porträt möchte ich mich nicht an die chronologische Reihenfolge der Ereignisse halten, weil sich mit Torbergs Tod ein für mich fast gespenstisches Ereignis verknüpft. Ich war im November 1979 verreist, hatte einen Vortrag zu halten in Norddeutschland. Dort erhielt ich die Nachricht, mein Freund und Kollege vom Feuilleton der Süddeutschen Zeitung, Rudolf Goldschmit, sei gestorben. Für die Formulierung des Nachrufes hatte ich, es war ein Spätnachmittag, ganze 30 Minuten Zeit. Ich hielt also nach kurzem Überlegen sozusagen eine »freie Rede« ins Telephon, die dann als Nachruf gedruckt wurde. Goldschmit, der damalige Feuilleton-Chef der Süddeutschen Zeitung, und Torberg hatten sich übrigens gut gekannt, Torberg war ja lange Jahre Wiener Kultur-Korrespondent der Süddeutschen Zeitung gewesen…

Auf der Rückreise aus Norddeutschland las ich, daß Friedrich Torberg 71jährig überraschend gestorben sei. Und nun kommt das Gespenstische. In meinem Büro lag ein an mich gerichteter Brief von Torberg, ein Brief, den er zwei Tage vor seinem Tod geschrieben hatte.

Absender Torberg, zur Zeit Wilhelminenspital

Wien, 8. 11. 79.

Lieber Joachim Kaiser,

in einer hiesigen Zeitung finde ich soeben die Nachricht, daß Goldschmit gestorben ist. Ihnen als dem in jeder Hinsicht Nächsten möchte und muß ich sagen, wie traurig ich bin und wie sehr er mir fehlen wird. Ich wußte, daß er krank war, und hatte mir vorgenommen, ihn bei meinem für Dezember geplanten Aufenthalt in München zu besuchen. Damit ist es nun vorbei. Aber Sie müssen sich darauf gefaßt machen, daß mein Besuch in der Süddeutschen Zeitung der Erinnerung an ihn gelten wird – vorausgesetzt, daß Sie mit mir den traditionellen Kaffee trinken wollen. Es trifft immer die Falschen. Ich hab so eine lange Liste, aber mich fragt man nicht.
Grüßen Sie alle Kollegen, grüßen Sie alle Betroffenen.
Auf Wiedersehen.

Herzlichst Ihr
Torberg.

Und dann noch eine kurze Nachschrift:

Ich schreibe diese unzulänglichen Zeilen wenigstens in stilvoller Umgebung. Der Brief wird weiterbefördert. (Man bastelt hier an meinem gehbehinderten rechten Bein herum).

Ironischer, bei aller Freundlichkeit bitterer kann so leicht kein letzter Brief sein. Torberg beklagt den Tod eines Freundes und fährt hinreißend beleidigt fort: »Es trifft immer die Falschen. Ich hab so eine lange Liste, aber mich fragt man nicht.«

Das hat ihm der Tod offenbar verübelt. Der ließ nicht mit sich scherzen. Zwei Tage, nachdem Torberg sich witzig über die schlechte Auswahl des Todes beschwert hatte, mußte er, wie zur Strafe, selbst dahin...

Was war aber mit dem Haß, mit dem Parteiisch-Sein, mit dem Kalten Kriegertum Torbergs? Auch wer sonst fast nichts weiß über ihn: daß er ein heftiger Gegner von Bert Brecht gewesen ist, daß er es über Jahre hin fertigbrachte, Brecht-Aufführungen von Wiener Staatstheatern zu verhindern – das weiß man. Seine Autorität, und auch die seines Kollegen Hans Weigel, war so groß, daß die Theater der Landeshauptstadt tatsächlich keinen Brecht spielten, weil sie sich fürchteten vor Torbergs und Weigels kritischen Reaktionen...

Nun hatte Torberg gewiß Argumente. Brecht wolle den Untergang eben der Gesellschaft, die sich anschickt, den armen B. B. als trojanisches Pferd in ihre Theater zu lassen und zu diskutieren – befand er. Brecht, so sagte er weiter, distanziere sich nicht von der üblen stalinistischen Diktatur. Und genauso wenig, wie man jemanden Nazi-Überzeugungen im Theater zum Ausdruck bringen lasse, genauso viel zwinge uns die geistige Moral dazu, den durchsichtigen Propagandismus Brechts nicht einfach mitzumachen für etwas, was als mörderische Diktatur ja längst durchschaubar sei.

Ich war anderer Ansicht, habe mit Torberg öffentlich und privat heiß über diese Thesen gestritten. In der Zeitschrift *Der Monat,* in Rundfunk-Diskussionen, wer weiß wo überall, fanden unsere Auseinandersetzungen öffentlich statt. Meine Argumente zu Torbergs heißem Krieg gegen kühle Dramen lauteten ungefähr: es sei doch gerade die Chance einer verhältnismäßig freien Ordnung, daß sie auch Gefährliches diskutieren dürfe, wenn es in großer Kunst-Form daherkomme. Wir könnten es uns leisten, meinte ich, Herrn Brecht und Herrn Marx und Herrn XY

135

zuzuhören, während der Osten gerade nicht die Freiheit aufzubringen vermöge, Herrn Beckett oder Herrn Freud oder Herrn Koestler überhaupt oder unzensiert zu Wort kommen zu lassen. Und weiter: mit der Eindeutigkeit der Brechtschen Parteinahme sei es so eine Sache. Die Stücke seien nicht lammfromm, sondern auch nach links kritischer, als ihr Autor gewußt oder gewollt habe. Die Sowjet-Union zum Beispiel sei keineswegs ein Land, in dem man besonders viel Brecht spiele. Und Brecht selber habe sein tollstes Stück, die »Maßnahme«, vorsichtshalber für alle Aufführungen verboten.

Man kennt die Wiener zu wenig, wenn man sich nicht klarmacht, daß Haß und hitzige Parteinahme, ein gewisses Sektierertum und eine immerfort sich wandelnde Gruppen-Bildung für die klugen wie für die harmlosen Österreicher geradezu lebensnotwendig sind. Torberg war ein Schüler und Bewunderer des berühmten, aber auch berüchtigten Karl Kraus – der haßte als größter Journalist seiner Zeit alle anderen Journalisten so, daß er sogar antisemitisch gegen Dreyfus taktierte, nur weil die bürgerliche *Neue Freie Presse* in der Affäre Dreyfus damals natürlich auf Seiten des verfolgten französischen Hauptmanns Dreyfus stand. Auch Torberg hatte, haßte und verfolgte Gegner gern. »Wenn Haß nicht produktiv macht, dann ist es besser, gleich zu lieben«, meinte Karl Kraus einmal, gehässig sogar den Haß relativierend. Torberg wurde von seinem Hassen-Können sozusagen bei guter Laune gehalten. Wie manisch und wie geschmacklos verfolgte er zum Beispiel doch die kluge, gebildete Hilde Spiel; er verlieh ihr den Schmähnamen Hulda Spitz.

Aber war Friedrich Torberg ein Fanatiker? Er ist ein totaler Anti-Totalitärer gewesen. In der politischen Dimension war er – seine Freunde sagten: unnachgiebig. Seine Feinde sagten: borniert. Doch indem man sich Torberg

als Fanatiker vorstellt, der Brecht nicht leiden konnte, obwohl er in einer Umfrage äußerte, Brechts Drama »Mutter Courage und ihre Kinder« sei doch das bedeutendste
Theaterstück der letzten 50 Jahre, indem man ihn gewissermaßen als einen österreichisch-deutschen Kultursena-
tor McCarthy der Nachkriegszeit sieht, verfehlt man die
Totalität dieses Antitotalitären gänzlich.

Denn darin ist er eben doch kein Preuße und kein Russe
gewesen, sondern ein weiser österreichischer Jude – daß
er es der politischen Dimension nicht gestattete, die einzige Dimension seines Daseins zu sein. Für ihn gab es
gleichrangige andere Lebens-Dimensionen. Eine wunderbare Urbanität zum Beispiel; er liebte das sehr gute Essen,
er liebte die Frauen, nahm sie ernst, war galant; er liebte
alles Geistvolle, jedes gute Wort; er unterstützte mit seiner Autorität manche talentierten Anfänger. Er war also
parteiisch und überparteiisch zugleich. Er gründete Frak-
tionen und unterlief sie im Kaffee-Haus. In Österreich
geht das. Was er einmal an Franz Molnar, dem Dramatiker rühmte, galt auch für ihn: »Wenn er einen Ausspruch
tat, dann war es eine Aussage. Und die Geschichten, die er
erzählte, hatten Geschichte in sich.« Torbergs Theaterkritiken vibrierten nicht nur vor Weltkenntnis, sondern
auch vor Witz. Schon wenn er eine Sammlung über-
schrieb mit dem originellen Titel »Der Beifall war enden-
wollend«, dann können alle Nachgeborenen ahnen, wie
brillant er war (als Theaterkritiker weniger auf den Spu-
ren von Karl Kraus als im Gefolge seines Freundes Alfred
Polgar).

Torberg parodierte gerne. Und besonders gerne Thomas
Mann, den er allzu großen Kommunisten-Sympathisan-
tentums verdächtig fand. Thomas Mann hat sich in *Joseph und seine Brüder* der Welt des Alten Testaments, der
Geschichte des Judentums angenommen: und Jude zu
sein, das war für Torberg eine große, bedeutungsvolle Sa-

che, zu der er leidenschaftlich stand, wie zu einer gewaltigen Triebfeder seiner Existenz. Thomas Mann hat aber – Torbergs Ansicht nach – etwas zu umständlich, selbstgefällig und kokett-modernisierend das Alte Testament nach-erzählt in seinen Joseph-Geschichten. Torberg schrieb eine mäßig witzige Parodie darauf: »Die Einschläferung Noahs«.

Freilich: Parodien sind niemals tödlich, sondern immer nur ein respektvoller Mordversuch. Wer keinen Stil hat, den kann man auch nicht parodieren. Übrigens wäre es nicht nur unwahr, sondern meinem großen Freund von einst auch herzlich unangemessen, wenn ich den Friedrich Torberg hier rücksichtslos »heroisieren« wollte. Darum sei durchaus nicht verschwiegen, daß Torberg einst, als Emigrant in den USA Thomas Mann wegen eben dieser Joseph-Geschichten einen bewundernden und Thomas-Mannisch umständlichen Brief geschickt hat. (Mann war der prominenteste aller Schriftsteller-Emigranten.) »Ich muß Ihnen sagen«, schrieb der 36jährige Torberg an den Weltberühmten, »wie glücklich mich die Kunst Ihrer Dialog-Führung gemacht hat und die Tiefe des vom Dialog her Bewältigten… und… die zwingende Vergegenwärtigung dessen, was er betrifft und derer, die ihn führen. Das ist mir keine neue Wirkung –, ich habe sie in den bisher veröffentlichten Bänden Ihres Werkes schon oftmals verkostet, aber noch nie schien sie mir so beglückend wie gerade in dieser Hof-Szene, wie gerade in diesem ›exquisit‹ und ›merci‹ des Kämmerers, in Pharaos ›Mamachen‹… Das ist wahrhaftig eine Beglückung und wahrhaftig eine Erlösung – nach all dem Unfug zumal, der da von flotten Trilogisten mit der Herstellung ›historischer‹ Atmosphären getrieben wird und mit dem ›Nahebringen‹ antiker Persönlichkeiten.«

Hier lobte der 36jährige genau das, was er knapp 20

Jahre später parodierte. Doch dazwischen lag eben eine etwas demütigende Erfahrung mit dem allzu steifen Thomas Mann, der Torberg nur von oben herab geantwortet hatte, sowie eine bittere Erfahrung mit der Macht des Kommunismus über Intellektuelle. Und Torbergs militanter Entschluß, alle Mittel zu benutzen, dagegen etwas auszurichten.

Torberg war ein Literat, zugegeben, aber gewiß kein wurzelloser Literat, wie oft diejenigen über Literaten schimpfen, die – ob mit oder ohne Wurzeln – meist selber überhaupt nicht schreiben können. Torbergs Wurzeln reichten ins Jüdische. Ins tapfere alte jüdische Selbstbewußtsein. Da kannte er sich aus – und kein Pardon. Selbst Lessings Drama *Nathan der Weise* warf er, sehr geistreich, indirekten Anti-Semitismus vor: Nathan werde nicht als »Jude«, als charakteristisch jüdische Gestalt anerkannt, vorgeführt, akzeptiert: sondern das Stück feiere Nathan dafür, daß er ein so wunderbar weiser »Mensch« sei. Statt des Konkret-Besonderen verkläre Lessing (natürlich besten Willens) das Nobel-Allgemeine... Alles das machte aus Torberg aber weiß Gott keinen Philosemiten. Im Gegenteil. Unvergleichlich böse und boshaft wurde Torberg eigentlich nur, wenn es gegen Juden ging, die sich seiner Ansicht nach an der Wahrheit des Jüdischen und des Humanen versündigten. So war es eine Zeitlang Mode, aus dem Dichter Franz Kafka, den Torberg über alles liebte und verstand, einen Aufklärer, einen linken Gesellschaftskritiker zu machen. Darüber schrieb Torberg an den Kafka-Mentor und -Retter Max Brod:
»Lieber Herr Doktor Brod,
der Kafka-Wirrwarr, von dem Sie sprechen, hält weiterhin an, und die ›faulig riechenden Blüten‹, die er treibt, sind zum großen Teil gar nur Papierblumen. Richtig zu stinken beginnt es erst, wenn ihn die Laienbrüder des Ordens vom heiligen Marx in die Mangel nehmen – wie das

mit wahrhaft unsäglichem Resultat im Frühjahrsheft der ›Neuen Rundschau‹ geschehen ist, über meine wütenden Verhinderungsversuche hinweg. Natürlich ist der Autor auch dieser Kafka- und Gotteslästerung, der sich Günther Anders nennt – Jude. Und natürlich sind es auch sonst die jüdischen Kritiker, die Kafkas Judentum totschweigen oder bagatellisieren. Die Protestanten sind da schon viel sauberer…«

Viele Feindschaften, die Torberg, seine Freunde und Gegner dann untereinander so sorgfältig weiterpflegten, als könnten sie ohne wohlgenährten Haß eigentlich gar nicht leben – entstanden absurderweise in der Zeit der gemeinsamen Emigration. Eine Minderheit, zusammengedrängt in fremdem Land, nicht imstande, sich aus dem Wege zu gehen, sondern so aufeinander angewiesen und verwiesen, wie es etwa heutzutage die aus der UdSSR emigrierten Russen sind, die sich ja auch traurig und prächtig zu hassen verstehen – diese Horror-Situation, die in New York während des Zweiten Weltkrieges herrschte und Prozesse von Emigrierten gegen Emigrierte produzierte, sie zeugte so manchen nachwirkenden, ohne Kenntnis der Vorgeschichten kaum mehr verständlichen Haß…

Torberg machte in den 50er Jahren aus seiner Zeitschrift »Forum« bald Österreichs aufregendstes, geistvollstes, unprovinziellstes Periodikum. Torberg schrieb in deutschen Zeitungen glanzvolle Theaterkritiken. Er war kein Neutralist, sondern Anti-Kommunist, aber keineswegs »Anti-Sozialist«.

Zum Schreiben benötigte er Ruhe, die Nacht und viel Kaffee. Als man ihn einmal befragte, ob er bei soviel Kaffee-Genuß denn gesund bliebe, antwortete er – und ich verstehe ihn da deshalb besonders gut, weil es mir genauso geht –, er könne nicht vom Gesund-Leben leben, sondern er lebe von seiner Arbeit, seinem Schreiben. Dazu benötige er Kaffee. »Ich bin 70 Jahre«, fügte er hinzu, »wenn ich

keinen Kaffee trinken würde, wäre ich jetzt vielleicht 72.«
Da war denn kein Widerspruch mehr möglich.

Wenn man sagt, jemand hätte Witz, dann klingt das immer auch ein wenig billig, nach doofer Anekdoten-Erzählerei. Bei Torberg konnte man lernen, was das Pointieren wirklich bedeutet. Ich glaube, er hatte für jeden Witz mehrere Pointen zur Verfügung, so daß er, falls jemand sagte »kenn ich schon«, sogleich konterte: »aber doch nur die triviale Pointe, nicht die, die Sie jetzt gleich hören werden.« Torberg war sogar dazu imstande, die enorme Kraft und Weisheit jüdischer Witze, ebenso wie die traditionsreiche Kunst jüdischen Witze-Erzählens, glanzvoll schriftlich zu fixieren, als er in der Zeitschrift »Der Monat« vom Oktober 1961 ein Buch besprach, welches die Professorin Salcia Landmann herausgegeben hatte. Das Ding hieß »Der jüdische Witz«. Soziologie und Sammlung von Salcia Landmann. Frau Landmann erlaubte es sich da, jüdische Witze vorzuführen. Torberg bewies, daß sie eben dies nicht könne und nicht dürfe. Um es zu beweisen, mußte er die Witze, die Frau Landmann falsch nachgestammelt hatte, richtig wiedergeben. Er tat es so, daß die Nation lachte, aber nicht nur über die jüdischen Witze, sondern auch auf Kosten der witzlosen Dame. In Salcia Landmanns Buch steht auch die klassische Geschichte von den vier verschiedenen Reaktionen, die einem jüdischen Witz seitens verschiedener Hörertypen begegnen: seitens des Bauern, der dreimal lacht (wenn man ihm den Witz erzählt, wenn man ihm den Witz erklärt und wenn er den Witz versteht); seitens des Gutsherrn, der zweimal lacht (wenn man ihm den Witz erzählt und wenn man ihm den Witz erklärt – denn verstehen wird er ihn nie); seitens des Offiziers, der einmal lacht (wenn man ihm den Witz erzählt – denn erklären läßt er sich ihn nicht und verstehen wird er ihn nicht) und schließlich seitens des Juden...

141

Bei Salcia Landmann heißt es nun: »Erzählt man aber einem Juden einen Witz, so sagt er: ›Den kenn' ich schon!‹ und erzählt dir einen noch besseren.« Dazu Torberg: »Nein! Nein!! Erstens ›sagt‹ er nichts, denn das würde bedeuten, daß er den Witz bis zum Ende anhört – er ›unterbricht‹ ihn. Zweitens erzählt er keinen ›noch‹ besseren Witz, denn das würde bedeuten, daß er diesen hier für gut hält – er hält ihn aber für schlecht. Und drittens erzählt er überhaupt keinen ›besseren‹, denn das würde bedeuten, daß er einen anderen erzählt – er erzählt aber den gleichen Witz anders, weil er überzeugt ist, ihn besser erzählen zu können. In dieser rechthaberischen Überzeugung, in dieser Ungeduld, mit der er dem Partner dazwischenfährt, liegt ja das eigentlich Jüdische der Geschichte, liegt die ganze Atmosphäre, die ganze Pointe. Sie hat unter Salcia Landmanns mörderischem Zugriff gleich dreimal ihre Seele ausgehaucht.«

Merkwürdig: Torberg war rechthaberisch – aber er ließ sich auch überzeugen, vielleicht, um im nächsten Gefecht noch besser gerüstet zu sein zum Rechthaben. Er hatte sogar eine Schwäche fürs Wehrlose. Als ich ihm einmal sagte, Martin Walsers glänzend geschriebene, aber nicht formvollendet abgesicherte Romane seien schutzlos, da imponierte ihm das ganz unverhältnismäßig: er war halt allzu viele auf Absicherung bedachte Dialektiker gewohnt und staunte sympathisierend über einen Intellektuellen, der sich so anders verhielt.

Torberg wußte, in welcher abgelegenen Ecke Salzburgs beste Bäckerei zu finden war; er liebte es, nach Berliner Premieren – wie alle richtigen Wiener schätzte er Berlin und die Berliner Lebensart sehr (gewiß mehr als die Münchner) – gut zu essen im Ritz in der Ranke-Straße, wo der Berliner Oberkellner Fischer es im Witze-Erzählen fast mit Torberg aufnehmen konnte. Wie oft haben wir da gesessen und geplaudert! Dann wurde er älter, hatte

mit seinem bestimmt nicht besten Buch, der »Tante Jo-
lesch«, endlich einen Riesen-Erfolg, durfte aber gar nicht
mehr so essen und trinken, wie er gern wollte. Vor allem
Süßes war ihm, dem Wiener!, sehr verboten. Ich erinnere
mich wohl, wie quälend schwer mir das Formulieren
wurde, als er im Ritz den unvergleichlich, unbeschreiblich guten Nachtisch – die Kreation hieß verrückterweise
»Schaffee-Kahn« – zu essen sich verbieten mußte. Da bat
mich der alte Fresser Torberg ziemlich verzweifelt: »Beschreiben Sie mir bitte ganz genau, wie es schmeckt«, und
sah mich hoffnungslos neugierig an. Ich tat mein Bestes,
aber ich fürchte, ich schaffte es nicht (obwohl er Zufrie-
denheit bekundete über das erzählte Süßspeisenessen).
Wie überraschend dann Torbergs Tod kam, nachdem
man seinen 70. Geburtstag noch wie den eines Staatsmannes begangen hatte, davon war schon die Rede. Nur
– das empfinde ich jedesmal, wenn ich jetzt in die Donau-
Metropole komme –, Wien bleibt doch nicht ganz Wien,
wenn Menschen wie Torberg nicht mehr sind, wenn der
alte Flesch tot ist, wenn Frau Hilde Spiel sich zurückzieht,
wenn eine Atmosphäre aufhört, die man dann noch gespürt hat, wenn man dem Friedrich Torberg freund-
schaftlich und leibhaftig begegnen durfte.

Wieland Wagner

Als Wieland Wagner es 1951 unternahm, zusammen mit seinem Bruder Wolfgang das Neue Bayreuth zu gründen, die bisher am Grünen Hügel geltenden Traditionen und Heiligtümer im Handstreich abzuschaffen, den völkischen Ballast, der sich mit Richard Wagner verband, schlicht abzustoßen, da war Wieland 34 Jahre alt, und sein Bruder Wolfgang, der jetzt hochgeachteter Chef Bayreuths ist – war ganze 31.

Zwei junge Leute also sagten einer Tradition den Kampf an, bezeichneten das Jahr 1945 als Glücksjahr und ließen sich von den in Bayreuth unvermeidlicherweise so besonders zahlreichen Gralshütern weder imponieren noch einschüchtern. Natürlich war Wielands damalige Revolution auch eine Übertreibung. Nach dem weihevollen Bühnenbild-Illusionismus herrschte nun eine karge, symbolbefrachtete Licht-Abstraktion: man sah statt Menschen, die in erfüllten Räumen mit ihrer Welt und ihren Mitmenschen und ihrem Schicksal fertig werden müssen, lauter singende Einzelne in kargen Segmenten. Aber, wie gesagt, es war etwas Neues, Kühnes, Verstörendes – von dreißigjährigen Enkeln zuwege gebracht, die schon deshalb zu den Herren des Neuen Bayreuth werden durften, weil sich ihre Väter-, beziehungsweise Mütter-Generation politisch kompromittiert hatte.

Ich war 1951 dabei. Ich merkte nicht, wie jung die Wagner-Enkel waren, weil ich noch ein bißchen jünger war – denn wenn man Anfang 20 ist, kommen einem Dreißigjährige schon ziemlich hochbetagt vor. Aber ich habe damals Tagebuch geführt, und darum kann ich – wenn ich hier über Wieland Wagners Anfänge und das Neue Bayreuth berichte – mit ein paar Fakten aufwarten, die ich mir selbst kaum mehr glauben würde, wenn sie nicht schriftlich belegt wären. So kostete, dies nur ein Beispiel, mein hübsches Zimmer in einer Donndorfer Gastwirtschaft, mit Spiegelei und netter Betreuung – pro Nacht eine Mark und fünfzig Pfennig. So waren die Menschen alle noch ziemlich schlank, weil die Freßwelle des Wirtschaftswunders gerade erst anrollte. So dirigierte damals Furtwängler zu Toscaninis aus New York herübergrollendem Ärger die Bayreuther Eröffnungs-Feier: Beethovens »Neunte«. So stand in öffentlichen Räumen zu lesen, man solle doch bitte politische Gespräche meiden; Schilder warnten ausdrücklich davor, so wie heute in einer Garage darauf hingewiesen wird, daß das Rauchen verboten sei. So stand im Festspielrestaurant ein Meistersinger-Zitat: »Hier gilt's der Kunst« – und eben nicht der bösen Politik.

1951 glückte dem Wagner-Enkel Wieland etwas ganz Geniales, was er vielleicht gar nicht so geplant hatte, was aber eine unvermeidliche Folge seines Mutes und Übermutes war: wegen seiner aberwitzigen Reformen stritten die Leute plötzlich über Abstraktion und Symbol, über die Notwendigkeit oder Entbehrlichkeit von Linden und Schwänen, Rössern und Wäldern, Häusern und Hainen. Interpretationsprobleme drängten sich vor – und Wagners Partituren wurden, gleichsam von hinten herum, wieder zu heiligen Texten. Gar kein schlechtes Ergebnis. Denn hatte nicht noch wenige Jahre zuvor, 1946, im britischen Unterhaus der Staatsminister Hynd im Namen der Besatzungsmacht erklärt: »Wir erlauben keine Musik, die unmittelbar mit dem Nationalsozialismus oder Militarismus in Verbindung steht. Das bedeutet jedoch nicht, daß ein allgemeines Verbot für Wagner-Opern besteht. «

Mit anderen Worten: der Minister war zwar gegen militaristische oder nationalistische Musik, aber er wollte deshalb glücklicherweise doch nicht gleich sämtliche Wagner-Opern verbieten – die übrigens immer noch in Israel verboten sind, obwohl Wagner, genau genommen, sechs Jahre vor Hitlers Geburt starb und darum, wiederum genau genommen, auch beim bösesten Willen kein NSDAP-Mitglied werden konnte.

1951 war Wieland Wagner ein entschlossener, innerlich erhitzter junger Mann. Ein Künstler durch und durch. So wie er auf der Bühne alle naturalistischen, banalen Haltungen verachtete – wer singt, benimmt sich schon als Singender eben nicht »natürlich«, denn wollte der Betreffende sich natürlich verhalten, spräche er, und er spräche wiederum nicht gleichzeitig mit einem Partner und mit einem ganzen Chor – so wie Wieland Wagner damals ein die naturalistische Illusion verachtender Künstler war, so ist er andererseits privat niemals auch nur im mindesten »feierlich« oder gestelzt oder aufgedonnert gewesen. Das verbot schon sein fränkischer Dialekt, der ja wirklich kein Pathos zuläßt.

Wieland Wagner löste damals eine Welt-Diskussion aus, die ihn vielleicht erschreckte, vielleicht auch ein wenig amüsierte – aber überhaupt nicht beirrte. Einmal sagte er etwas unwirsch, er wundere sich doch, daß die Leute und die Kritiker fortwährend so penibel über Werktreue und Inszenierungs-Inkonsequenzen diskutierten, aber den Schmiß der Walküren im dritten Akt bei ihrem heiklen Ensemble-Einsatz, den hätte keiner bemerkt. Wieland wirkte nicht streitsüchtig – wenn er sich auch manchmal über seinen Bruder ärgerte und dieser sich gewiß auch über ihn –, aber er war unnachgiebig.

Man darf schöpferische und reproduzierende Künstler nicht miteinander vergleichen: den »Tristan« komponieren bedeutet halt etwas entscheidend und essentiell anderes als ihn dirigieren oder aufführen oder gar kritisieren. Daran ist kein Zweifel. Aber mittlerweile tritt doch auch immer deutlicher zutage, daß es zwischen Richard Wagner und Wieland Wagner gewisse Gemeinsamkeiten gab, wie so oft zwischen Großvätern und Enkeln. Dabei war Wieland Wagner eigentlich kein »Wagnerianer«. Zwar hielt er den »Ring des Nibelungen« für das gewaltigste dramatische Werk des Abendlandes seit der Orestie des Äschylos, für mindestens so bedeutend, ja für noch bedeutender als die »Königsdramen« Shakespeares. Aber diese bewundernde Einschätzung der großväterlichen Genie-Leistung lähmte ihn nicht, sondern sie machte ihn unternehmungslustig, beschwerte ihn nicht, sondern ließ ihn lachend auf Irrtümer und zeitbezogene, falsche Bildvorstellungen des Großvaters hinweisen. Wieland Wagner war weniger wagnerfromm als viele wagnerliebende Nicht-Wagners.

Jede seiner Inszenierungen rief unzählige kritische Meinungen, Verbesserungsvorschläge, Hymnen und Verrisse hervor. Er nahm das grimmig zur Kenntnis und arbeitete weiter. Nicht nur schien ihm die Furcht vor dem Widerspruch anderer fremd, er scheute sich auch nicht, sich selbst zu widersprechen. Er war also nie Sklave der eigenen, oft mit Vehemenz vertretenen, oft übertrieben dargebotenen und dann wieder korrigierten Ideologie. Pragmatismus hatte ja auch Richard Wagner bei der Durchsetzung seiner Pläne aufbringen können, wenn dergleichen nötig war. Auch wußte Wieland, wie sein Großvater, geschickt und beharrlich und schlau auf der Klaviatur der öffentlichen Meinung zu spielen. Er hat gesiegt, weil er sich nicht irritieren ließ – und weil er nie erstarrte. Ich sprach ihn manchmal. Lange Diskussionen über Kunst-Prinzipien ergaben nicht sehr viel. Kurze schlagwortartige Dialoge, die lustiger und wichtiger waren, machten mehr Spaß. Wenn er merkte, daß man's ernst meinte, war er offen, aufregend und professionell.

Seine letzte »Ring«-Inszenierung von 1965 – ein Jahr später mußte er ja sterben – war gewiß der Höhepunkt seines Künstlertums und Verwirklichens. Da hatte er sich von den Fesseln eines erotischen oder archaischen Symbolismus ziemlich freigemacht, da inszenierte er leidenschaftliche Gefühle, war auch er ein Orpheus alles heimlichen Elends. Da gelang ihm – zusammen mit Karl Böhm – eine »Walküre« (mit James King, Leonie Rysanek, Theo Adam, Martti Talvela und Ursula Böse), wie ich sie nie fesselnder erlebt habe, auf keiner Bühne dieser Welt. In der Pause zum dritten Akt begegnete ich Wieland zufällig, gratulierte rückhaltlos, begeistert. Er sagte nur: »Ja, manchmal glückt's«, lachte, drückte mir die Hand und verschwand. Ein paar Monate später meldete er sich aus dem Krankenhaus, wollte über Mozart reden, weil er den »Don Giovanni« zu inszenieren vorhatte. Daraus aber wurde nichts mehr...

Ich will diesen klugen, übrigens auch listigen, geschickt taktierenden Wieland Wagner, dessen Neu-Bayreuther-Arbeit ich vom ersten Tage an verfolgte bis 1966, als der »Trauermarsch« hätte ertönen müssen, hier nicht verklären. Wieland Wagner ist kein überlebensgroßer Theater-Schöpfer gewesen, sondern eher ein Maler, Bühnenbildner und Charakter-Former, der sich dem Zwang zum steten Erfolg entzog, indem er Bayreuth zum »work in progress« machte, zum Laboratorium auf Welt-Niveau, zum Festspiel-Ort, wo Experimente Institution wurden.

Trotzdem sei eine Beobachtung nicht unterdrückt, die sich schwer beweisen, sondern höchstens plausibel machen läßt: um ihn war etwas wie Reinheit, Glut, Unverletzlichkeit. Anders hätte ihm die Welt nicht begeistert verziehen, daß er Hitlers Schützling gewesen war und daß er sich enorme Blößen gab, weil er – wie der Kritiker Jakobi gehässig, aber nicht unzutreffend formulierte – in Bayreuth sozusagen öffentlich Schularbeiten machte. Anders hätte er verlegener, verkrampfter, unfreier auf alles das reagiert, was er hinter sich hatte, er, den das Schicksal zum Nachfahren einer der wenigen großen, problematischen und genialen deutschen Familien werden ließ. Wieland warf man nicht vor, was man manchem anderen wer weiß wie lange übelnahm.

»Er erholt sich hier«, so lese ich in Erich Ebermayers Buch *Magisches Bayreuth,* »von der Hetzjagd seiner ewigen Propaganda-Reisen. Die Neigung zu den Kindern, die er um diese Zeit noch besitzt, äußert sich in seinem Verhältnis zu den vier ungebunden aufwachsenden Wieland, Mausi, Wolfi und die Jüngste, Verena… Das Band zur Familie, zu den Kindern, wird immer enger. Alle haben ihn gern, ja lieben ihn.«

Wen? Nun – Adolf Hitler. So sahen bekanntlich die Geschicke Bayreuths in den zwanziger und dreißiger Jahren unseres Jahrhunderts aus. Erstaunlich genug, daß Wieland Wagner, obwohl er als junger Mann Adolf Hitlers Protegé gewesen ist (der ihm sogar in München bei der Wohnungssuche behilflich war), in der Öffentlichkeit ohne weiteres und sogar rechtens als Lohengrin-Retter Bayreuths gegen den völkischen Sog gelten konnte! Die Öffentlichkeit hat es Wieland Wagner nie entgelten lassen, daß er als 20jähriger im Jahre 1937 für Bayreuth die Parsifal-Bühnenbilder gemacht hat, daß er als 26jähriger im Jahre 1943 fürs Kriegs-Bayreuth die Meistersinger-Dekorationen entwarf. Sie hat es ihn nie entgelten lassen, sondern ihn immer für einen progressiven, unternehmungslustigen Künstler gehalten. Er wurde in aller Welt geehrt, und alle Welt arbeitete gern mit ihm zusammen, obwohl Hitler ihn gemocht hat. Hitler hat offenbar in zwei jungen Leuten – nämlich Albert Speer und Wieland Wagner – sozusagen das kultivieren und irgendwie fördern wollen, was er selber gern geworden wäre, gemacht hätte: in Speer seine eigene, mißlungene Architekten-Karriere, in Wieland Wagner sein eigenes Wagnertum. Noch während des Zweiten Weltkrieges, als der Diktator in Rußland eigentlich etwas Wichtigeres zu tun hatte, prüfte er, heißt es, Wielands Bühnenbild-Entwürfe.

Natürlich hatte Wielands Symbolismus etwas mit seinen Jugend-Erfahrungen, Jugend-Erlebnissen in Bayreuth zu tun.

Er hat mir einmal geschildert, wie lächerlich ihm die verkitschten Pompbilder der »Meistersinger« seiner Jugend-Zeit erschienen waren; wie verrückt es ihm immer vorkam, wenn im letzten Akt der »Götterdämmerung« kleine Götterpuppen stoisch verbrannten. Richard Wagner selbst habe sich ja in der ersten Ring-Inszenierung des Jahres 1876 nicht an seine Bühnenbild-Tagträume halten können: die Regenbogen-Brücke sei ein klappriges Holzgerüst gewesen und kein herrliches Phantasie-Bild, die Rheintöchter oder der Lindwurm Fafner wären einfach komisch gewesen – und keines Denkmalschutzes wert, weil sie von Anfang an anders ausfielen, als es sich Richard Wagners schöpferische Phantasie einst ausgemalt hatte...

Das waren natürlich hörenswerte Argumente eines engagierten Regisseurs, der nachgedacht hatte und zu extremen Schlüssen gekommen war. Und als der alte Dirigent Knappertsbusch klagte, man solle sich doch mehr an den heiligen Richard Wagner halten, antwortete Wieland schlau, geschickt und liebenswert: Gut, Knappertsbusch solle ihm einen Regisseur seiner Wahl empfehlen, er würde den Mann nach Bayreuth engagieren. Nur: wenn schon historisch und werktreu, dann aber auch richtig. Dann nicht die Stahlsaiten im Orchester, die viel stärker klingen, sondern Darmsaiten. Dann nicht das elektrische Licht, das ganz andere Schatten wirft, sondern Gasbeleuchtung. In solchen Argumenten steckt natürlich auch ein wenig wagnerianisch germanische Rabulistik. »Werktreue« heißt ja nicht, daß es nur eine einzige Modell-Möglichkeit gibt. Weil aber der Dirigent Knappertsbusch im »Parsifal« unbedingt die Taube sehen wollte, die als Symbol des Heiligen Geistes in einem Bühnenweihfestspiel wirklich nicht fehl am Platze sein mag, ließ Wieland Wagner wenigstens dem alten Herrn aus dem tiefen Orchestergraben eine Taube vorhalten. Knappertsbusch erblickte sie – aber das Festspielpublikum mußte sie gleichwohl entbehren.

Nun scheint mir, daß in diesem Streit um die Taube eigentlich beide recht haben: der Dirigent, dem sie heilig ist, genauso wie der junge Regisseur, der Heiliges nicht so handgreiflich gefiedert dargestellt sehen möchte.

Vielleicht klingt das alles für Menschen des zu Ende gehenden 20. Jahrhunderts altmodisch wie irgendwelche religiösen Auseinandersetzungen unserer Vorväter, diese heftigen Streitereien über Symbole. Muß man dergleichen wirklich so ernst nehmen? Nun, Wagners Kunst ist unmäßig ernsthaft, ist – wie der Maler Wilhelm Leibl witzig erkannte – ein Lastwagen zum Himmelreich. Wieland Wagner fragte sogar abstraktionsverliebt, warum denn im »Tristan« überhaupt eine Mauer und eine Linde auf der Bühne sein sollen, wenn doch die Idee der Unendlichkeit die Hauptsache sei. Er hielt mir vor, es sei doch Unfug, auf der Bühne versuchen zu wollen, was der Film viel besser kann. Wenn der Speer über dem Haupt des Parsifal wackelt, so argumentierte er, gibt es Gelächter – und die Wirkung, auf die es ihm ankommt, ist hin.

Da war er dogmatisch. Daß Requisiten zur Welt des

151

Opernkosmos und des Schönen Scheins gehören können, daß es kein Unglück ist, wenn mal was wackelt oder mißlingt, ließ er – zugleich archaisierend und aufklärerisch – nicht gelten. Aus Liebermanns Satz »Zeichnen ist Weglassen« machte er als junger Mensch die gefährliche Umkehrung, daß Weglassen bereits Zeichnen sei. Er wollte es in jeder Szene immer nur auf *ein* Symbol ankommen lassen. Dieser Zug zum Symbolischen, Archaischen, Überlebens-Großen und Anti-Psychologischen war für den Künstler Wieland Wagner charakteristisch – und die Tendenz zu alledem ließ, wenn überhaupt, erst in den letzten Jahren ein wenig nach. Nun kann man bei Richard Wagners Musikdramen vielleicht davon ausgehen, daß ein solcher Stil notwendig sei und zu Bayreuth, zum mystischen Graben gehöre.

Aber Wieland Wagner sah auch Verdi, auch Beethoven so – und Orff ohnehin. Da mußte also eine erstaunte Opernwelt miterleben, daß Verdis »Aida« nicht etwa eine Belcanto-Oper sei, sondern ein afrikanisches Mysterium, wozu freilich die Musik des ersten, aber auch des vierten Aktes nur bedingt zu passen schien. In Beethovens »Fidelio« ging Wieland Wagner so weit, die singspielhaft kleinbürgerlichen Szenen aus der Privat-Welt des Gefängnis-Aufsehers Rocco auch unter das Gesetz des riesigen Musikdramas stellen zu wollen – was nicht nur unpassend war, sondern auch unmodern. Denn daß Kleinbürger privatim nett und ängstlich sind, daß sie ihre Wohnung mit Topfblumen ausstatten und sich für die Heirat der Tochter, für einen netten Bräutigam interessieren – und daß diese gutartig opportunistischen Kleinbürger aber im Befehlsnotstand sich unter Umständen zu entsetzlichen, fast mörderischen Sachen hergeben: ist nicht genau dies die schreckliche Lehre, die wir alle aus der schlimmen Vergangenheit unseres Jahrhunderts haben ziehen können? Doch solche soziologisch-realistischen Zusammenhänge wollte Wieland im »Fidelio« nicht sehen: er hat die Oper von vornherein so inszeniert, als ob sie nur aus dem hymnisch übermenschlichen Finale bestände. Und wenn er über die Götter des »Rings« sagte, »Walhall ist Wallstreet« – was übrigens eine Übertreibung ist, denn Wotan ist kein bloßer Schwindler, er fühlt sich durchaus an Gesetze gebunden und nimmt seinen Untergang gefaßt, ja bereitwillig an –, dann machte er beim Inszenieren mit solchen psychologischen Realismen nur andeutend ernst. Das Symbolisieren und Reduzieren war ihm, vor allem in seinen Anfangsjahren, wichtiger.

Schaute man ihm beim Reden und Arbeiten zu, dann sah man ihm an, daß er als junger Mensch einmal Maler hatte werden wollen, daß er an der dickfelligen, germanisch-depressiven Bayreuther Tradition wirklich gelitten haben mußte, an diesen Pferden auf offener Bühne, oder daran, daß ein lächerlich fetter Tenor, der auf einem Tisch schwerfällig herumtanzt, Jung-Siegfried als stolzer Knab' sein soll. Aus seinem Munde klang der – auch gelegentlich gegen des Bruders Arbeiten gerichtete – Satz »sowas kann man heute nicht mehr machen« wie ein schmallippiges Todesurteil.

Wieland Wagners entschlossener Symbolismus wirkte oft wie eine Notlösung, wie eine Ausflucht, wie eine Maler-Idee, welche dem Beziehungsreichtum, dem gesellschaftskritischen, konkreten menschlichen Potential, ja der Fülle der Wagnerschen Tondramen nicht ganz gerecht wurde und an alledem vorbei in jene mythische Nacht zielte, wo alle Katzen grau oder unsichtbar sind. Doch so wie Wieland Wagner in seinem letzten »Ring« schon weit hinausgekommen war über die ideologischen Schwächen seines »Tristan«, über die Total-Abstraktion seines »Parsifal«, auch über die Kargheit seiner früheren »Ring«-Konzeption, so hat das Welttheater diesem Regisseur denn doch auch Funde und Innovationen zu danken, die unvergessen bleiben. Die großartig erhabene Dom-Szene aus den »Meistersingern«. Der fesselnde Einzug der Gäste und Sängerwettstreit aus dem 2. »Tannhäuser«-Akt. Das war eine herrlich einleuchtende Mischung aus sinnvoller Festlichkeit ohne Bombast, aus innerer Richtigkeit ohne enge Psychologie. Nebeneinander agierten der Sünder Tannhäuser, die eifernd moralistischen Ritter und die heilige, liebende, allem empörten Rechthaben so ferne Elisabeth, die eine Nonkonformistin des Gefühls war! In seinem ersten »Tannhäuser« von 1955 traf Wieland Wagner die Urmuster einer dramatischen Konstellation bezwingend, brachte er alle diese Sphären und Gegensätze auf einen nicht-realistischen, aber auch nicht bloß karg-unlebendigen, sondern artifiziellen Nenner.

Vielleicht lag der »Tannhäuser« Wieland Wagner deshalb besonders gut, weil in dieser Oper alles Individuelle im Banne des Typisch-Allgemeinen steht. Die unheilige Venus ist doch mehr ein Prinzip als eine Frau – ihr Gegensatz ist darum auch der Papst und nicht die Heilige Elisabeth. Jene Elisabeth, die wirklich eine Frau ist, eine Heilige, und überraschenderweise viel interessanter als die Venus – obwohl sonst auf der Bühne weiß der Teufel die Sünder mehr faszinieren als die Braven, der Mephisto gewiß mehr amüsiert als der Faust. Wieland Wagner gelang es, die Hauptfiguren, die Gäste, die Höflinge, die konkurrierenden Sänger klar symbolisch zu gliedern. Aber Wieland Wagner blieb nie stehen – nicht einmal beim Geglückten. Später inszenierte er den »Tannhäuser« mit einer schwarzen Venus, und der Choreograph Béjart bot einen Venusberg mit proletarischem Pathos. Zugegeben, kein Mensch kann genau konkretisieren, wie ein Venusberg, also ein ideales höllisches Bordell gläubig-mittelalterlicher Christenheit beschaffen sein solle, damit dieser Ort reiner Sünde hält, was man sich davon verspricht. Gleichwohl blieb unbegreiflich, wie Wieland Wagner

154

hatte übersehen können, daß proletarisches Bewegungs-
pathos doch wohl so ziemlich das Letzte ist, was man sich
von einem Venusberg erwartet. Darum änderte Wieland
wiederum – und für die Neufassung des Jahres 1964 hatte
er auf die anfechtbare Choreographie von Béjart verzich-
tet. Gertrud Wagner trug nun die Verantwortung für das
Bacchanal. Freilich gelang es wiederum nicht, Fleisches-
lust und Massenbetrieb in zeitlicher Dauer zu entfalten.
Zu deutlich wurde, daß alles nur um eines einzigen Bildes
willen stattfand: ekstatisch ineinander verkrallte Leibes-
und Liebesgruppen verharrten düster beleuchtet in strenger Bewegungslosigkeit, während der Chorklang »Naht
euch dem Strande« ertönte. Doch die Bühnenzeit fordert
ja irgendwann einmal Bewegung. Die aber mißlang. Und
aus dem Venusberg-Versprechen wurde eine regelrechte
Venusberg-Drohung. Die Betroffenen mußten langsames
Bodenturnen vorführen. Da ging es, wie manchmal bei
Wieland Wagner, wenn das Sinnliche zu direkt dargebo-
ten werden sollte mit lauter Symbolen von äußerster Ein-
dringlichkeit oder Eindeutigkeit: erotisch war das alles
überhaupt nicht. Auch fleischfarbene Kostüme sind es ja
keineswegs, massenhaft nackte Leiber lassen in normalen
Gemütern ja höchstens saure Badestrand-Assoziationen
aufkommen. Oder wollte Wieland Wagner die Trauer,
die Ausweglosigkeit des »Nur-Erotischen« darstellen?
Wieland Wagners Bruder Wolfgang, dem als Regisseur
weniger spektakuläre oder revolutionäre Aufführungen
gelangen als Wieland, der aber mittlerweile ein mutiger
Chef der Bayreuther Festspiele ist, der es mit Erfolg wagte,
den Jubiläums-»Ring« einem französischen Team, nämlich Chéreau und Boulez, anzuvertrauen; der es wagte, einen Harry Kupfer zu verpflichten; der es wagte, das
Steuer herumzureißen und Solti samt Peter Hall die
Chance zu geben, den »Ring« einmal romantisch-illusio-
nistisch-märchenhaft zu machen – Wieland Wagners Bru-

der Wolfgang ist in den letzten Jahrzehnten gewiß ganz aus dem Schatten des älteren Bruders herausgetreten und hat die Institution Bayreuth jedenfalls bis zum Jahre 1984 mutig und alles in allem trefflich betreut.

Aber wie hätte Wieland weitergemacht? Wenn man in alten Erinnerungen kramt, in alten Kritiken blättert, alte Notizen mustert, dann begegnet man gewiß der Einheit der Person, der durchgehenden Identität künstlerischer Ansprüche und Leistungen. Doch daß Wieland Wagner von Chéreaus Konkretismus unberührt geblieben wäre, daß er die Kunst eines Peter Stein oder eines Peter Brook nicht zur Kenntnis genommen hätte, mag und kann ich mir nicht vorstellen. Und schuldete dieser geniale Enkel nicht der Welt noch eine endgültigere Lösung des »Parsifal«, des »Parsifal«-Bühnenraum-Problems?

Abstraktion hin und her, und geglaubt und geschenkt seien auch alle psychologischen Deutungen, welche erotischen Symbole mit dem Parsifal-Speer und der Gralsschale gemeint seien, was da alles zwischen Amfortas und Klingsor, Kundry und dem Jüngling sich abspiele. Nur daß der alte Wagner folgende Regie-Anweisungen über den Ort der Handlung gab, hat sich im Neuen Bayreuth noch nicht laut genug herumgesprochen. Wagner schrieb lapidar: »Gegend im Charakter der nördlichen Gebirge des gothischen Spanien – Sodann Klingsors Zauberschloß... dem arabischen Spanien zugewandt anzunehmen«. Genialer und realer geht's eigentlich nicht. Ein spannungsvoller Gegensatz herrscht bereits im Bilde: das gotische Spanien, also das allerkatholischste Spanien auf der einen Seite – und die maurische Zauberwelt, also das arabische Spanien, auf der anderen Seite. Die Spanier sind extrem. In ihren Ehr-Vorstellungen, ihren Sitten, ihren Härten. Hier stoßen – von Wagner ganz konkret festgemacht – christlicher und heidnisch-arabischer Extremismus aufeinander.

Wagner war kühn. Cosima hat notiert, daß er sich 1881 eine Skizze der Kundry anschaute; sie gefiel gut. Dann aber kommt's: »Eigentlich«, sagt Richard, »müßte sie wie eine Tizianische Venus nackt daliegen.«

Dergleichen fand in Wieland Wagners viel zu heilig entrücktem Parsifal-Weihefestspiel-Oratorium nicht statt. Wenn man sich vor Augen hält, wie Wieland seinen »Ring des Nibelungen« bereicherte, daß er am Ende seines Lebens noch den »Don Giovanni« von Mozart hat machen wollen – wer weiß, ob er uns nicht auch einen ganz neuen »Parsifal« geschenkt hätte.

Knut Hamsun

Bjørger
140 Seiten. Leinen
Knut Hamsuns Frühwerk, das hier zum ersten Mal in deutscher
Übersetzung vorliegt, liefert einen Schlüssel zum Gesamtwerk des
Nobelpreisträgers.

Die Landstreicherromane
Landstreicher · August Weltumsegler · Nach Jahr und Tag
Sonderausgabe. 928 Seiten. Leinen
August, unvergeßliche Gestalt der Weltliteratur, steht mit seinem
Leben stellvertretend für den Menschen der Moderne.

Die schönsten Romane
Drei Bände in Kassette:
Hunger · Segen der Erde · Das letzte Kapitel
Zusammen 882 Seiten. Kartoniert
Die Kraft seines Schreibens und Dichtens, seine „psychologische
Intelligenz waren für Hamsun die Mittel, den Hauch des
lebendigen Lebens zu bannen in große Literatur". (Joachim Kaiser)

Benoni und Rosa
Zwei Romane. 375 Seiten. Leinen
Es ist das alte unerschöpfliche Lied von Hunger und Liebe, das uns
in diesen beiden Romanen entgegenklingt.

Victoria
Die Geschichte einer Liebe. 144 Seiten. Pappband
Dieses Stück Prosa, eines der schönsten der Weltliteratur, schildert
die Liebe zweier Menschen aus verschiedenen
Gesellschaftsschichten.

Briefe an Marie
Mit einer Einleitung von Tore Hamsun. 363 Seiten. Leinen
Dieser Band ist ein Dokument der großen Liebe des Dichters zu
seiner Frau.

LIST VERLAG